Angst und Trost

ALI
BA
BA

Erich Fried: 1921 geboren in Wien, floh 1938 nach der Besetzung Österreichs durch die Nazi-Truppen nach England. Lebt in London. Seit 1946 freier Schriftsteller. Übersetzungen aus dem Englischen, Hebräischen und Griechischen (Shakespeare, Dylan Thomas, T.S. Eliot, Sylvia Plath u.a.). Bremer Literatur-Preis 1983.

Deutschland. Gedichte. London (Österr. PEN-Club) 1944
Österreich. Gedichte. London / Zürich (Atrium) 1945
Gedichte. Hamburg (Claassen) 1958
Ein Soldat und ein Mädchen. Roman. Hamburg (Claassen) 1960
Reich der Steine. Zyklische Gedichte. Hamburg (Claassen) 1960
Warngedichte. München (Hanser) 1963/64
Überlegungen. Gedichtszyklus. München (Hanser) 1964
Kinder und Narren. Prosa. München (Hanser) 1965
und Vietnam und. Einundvierzig Gedichte. Berlin (Wagenbach) 1966
Arden muß sterben. Operntext. London (Schott) 1967
Anfechtungen. Fünfzig Gedichte. Berlin (Wagenbach) 1967
Zeitfragen. Gedichte. München (Hanser) 1968
Befreiung von der Flucht. Gedichte und Gegengedichte. Hamburg (Claassen) 1968
Die Beine der größeren Lügen. Gedichte. Berlin (Wagenbach) 1970
Unter Nebenfeinden. Fünfzig Gedichte. Berlin (Wagenbach) 1970
Die Freiheit den Mund aufzumachen. 48 Gedichte. Berlin (Wagenbach) 1971
Gegengift. 49 Gedichte. Hamburg (Association) 1974
Fast alles Mögliche. Wahre Geschichten und gültige Lügen. Berlin (Wagenbach) 1975
So kam ich unter die Deutschen. Gedichte. Hamburg (Association) 1977
Die bunten Getüme. Siebzig Gedichte. Berlin (Wagenbach) 1977
100 Gedichte ohne Vaterland. Berlin (Wagenbach) 1978
Lysistrata (Freie Bearbeitung) Recklinghausen (Ruhr Festspiele) 1979
Liebesgedichte. Berlin (Wagenbach) 1979
Lebensschatten. Gedichte. Berlin (Wagenbach) 1981
Zur Zeit und zur Unzeit, Gedichte. Köln (Bund) 1981
Das Unmaß aller Dinge, Erzählungen. Berlin (Wagenbach) 1982
Das Mißverständnis. Illustriert von Rainer Hofmann (Alibaba) 1982
Ich soll mich nicht gewöhnen. (Rede zum Bremer Literaturpreis; Senator für Wissenschaft und Kunst Bremen) 1983
Ich grenz noch an ein Wort und an ein anderes Land. Essay über Ingeborg Bachmann. (Friedenauer Presse) 1983
Es ist was es ist. Liebesgedichte Angstgedichte Zorngedichte. (Wagenbach) 1983

David George Fried: 1958 geboren in London. Schuljahre in England und Dänemark. Middlesex Polytechnic 1976 bis 1979 (B.A. first honours) Stowell's Award 1978. 1980 bis 1983 Royal College of Arts (M.A.). Ausstellung (mit einem anderen Künstler): October Gallery London 1979. John Minton Award 1983

Portrait auf dem Umschlag: Erich Fried, 1983
Zeichnung von David Fried

„Die grüne Garnitur“ ist zuerst 1965 im „Atlas“
im Verlag Klaus Wagenbach erschienen.
Wir danken für die Genehmigung zum Nachdruck.

Die Gedichte stehen jeweils nach
Grafiken von David Fried, zu denen sie geschrieben wurden.

Impressum:
Angst und Trost

Erstveröffentlichung, 1. Auflage 1983
Abdruckrechte nur über Alibaba Verlag GmbH, Petersstraße 4, 6000 Frankfurt am Main 1
Satz und Druck: CARO Druck GmbH, Frankfurt am Main
Printed in the Federal Republic of Germany
ISBN: 3-922723-24-1
Mit freundlicher Genehmigung von: Verlag Klaus Wagenbach, Westberlin

Erich Fried: Angst und Trost

Erzählungen und Gedichte über Juden und Nazis

Grafiken von David Fried

ALI BA BA

Erzählungen und Gedichte:

Die grüne Garnitur

Sie war schon immer da, fast wie die blaue Wolldecke im Kinderzimmer und die goldenen Punkte an der Tapete über dem Gitterbett. Nur konnte man die Punkte und die Decke jeden Tag mit dem Finger berühren, die grüne Garnitur aber nicht, denn sie stand im Salon. Dort durfte ich nur selten hinein, und nie ohne Erwachsene. Was sie so an Vertrautheit verlor, das gewann sie an Bedeutung, und ich erinnere mich noch, daß ich lange Zeit die Worte „die grüne Garnitur" nie aussprechen konnte, ohne zuvor und nachher tief Atem zu holen.

Die grüne Garnitur bestand aus einem Sofa mit erhöhter Rückenlehne, zwei Stühlen, und zwei Sesseln mit geschweiften Armstützen, von denen der eine wackelig war und manchmal, wenn man sich auf die richtige Schaukelbewegung verstand, kleine Pfiffe ausstoßen konnte.

Obgleich ich nur die Augen schließen muß, um die alten Möbel deutlich vor mir zu sehen, fällt es mir schwer, ihren Stil anzugeben; vielleicht hatten sie eigentlich gar keinen Stil oder zu viele Stile. Ich weiß nur, daß sie aus gebogenem Holz gemacht waren, mit gelblichbraunem Furnier belegt, das an manchen Stellen kleine Risse und Sprünge aufwies, und daß sie mit haarig grünem schnörkelig gemustertem Plüsch gepolstert waren.

An diesen Möbeln konnte man sich aufrichten, wenn man auf allen Vieren über den Teppich gekrochen kam, und die Sessel standen nicht zu weit voneinander, um meine ersten Gehversuche mit knapper Not gelingen zu lassen. Auf dem einen Sessel saß meine Urgroßmutter. Sie lächelte und hielt mir als Stütze ihren Stock entgegen. Später waren die Möbel der grünen Garnitur nicht mehr so groß, und man konnte sogar, wenn nicht aufmerksame Erwachsene einen davon abhielten, auf den Sitz klettern, sich an die Lehne halten und dann mehrmals aufhüpfen, daß alles staubte und stöhnte.

Aber das ging nicht, wenn meine Großmutter im Salon war: sie packte mich an der Hand, führte mich in die Mitte des Zimmers und zeigte der Reihe nach auf die goldgerahmten großen Ölbilder an der Wand: „Schämst du dich nicht? Der Onkel Leo und der Onkel Max haben die Möbel jahrelang gehabt, und von ihnen hat sie der Vater geerbt – dein Urgroßvater! – und du wirst sie jetzt ruinieren!“ – Und ich schämte mich, denn ich mochte die Alten an der Wand gern. Wenn ich auch nicht die von mir erwartete Angst vor ihnen hatte, so wollte ich sie doch nicht traurig machen; und ich liebte die grüne Garnitur.

Aber die grüne Garnitur ließ sich nicht nur als Sprungbrett oder als Rohmaterial für den Bau von Zimmerburgen oder Schanzen verwenden; nein, man konnte mit ihr auch so geräuschlos spielen, daß einen niemand aus dem Salon holen mußte; man konnte zärtlich zu ihr sein, mehr noch als zu den beiden Teddybären und zur Hanswurstpuppe.

Wenn man das Furnierholz ganz aus der Nähe ansah, glänzte und blinkte es, besonders an Tagen, an denen Käthe abgestaubt hatte. An manchen Stellen konnte man bei günstigem Licht sogar das eigene Gesicht erkennen, gespiegelt in komisch verzerrten Grimassen. Hauchte man das Holz an, so vergingen Glanz und Spiegelbild, alles wurde matt. Aber nach drei oder sechs Augenblicken schrumpfte das matte Feld von den Rändern her wieder ein, und das Holz begann zu glänzen wie zuvor.

Nur wenn man allzu stark gehaucht hatte, blieb Atem auf dem gelben Furnier zurück, auf das man dann mit dem Finger zeichnen konnte wie auf ein beschlagenes Fenster. Auch der grüne Plüsch, der sich streicheln ließ wie ein Tier, war zum Zeichnen gut. Er war glatt und weich, wenn man ihn nach der einen Richtung streichelte, und er war rauh und kratzte wie die Zunge der alten Katze in Gaden, wenn man die Hand gegen den Strich bewegte. Gegen den Strich war sein Grün dunkler, so konnte man auf den Plüsch mit dem Finger zeichnen, dunkelgrüne gegen fahlgrau; weniger deutlich als auf Holz, dafür aber war die Plüschfläche größer als der Raum für die Furnierbilder.

Später durfte man auf den Plüsch des Sessels, der pfeifen konnte, nicht mehr zeichnen. Er hatte einen Riß bekommen. Um den Riß zu verbergen, lag eines der Sofakissen darauf. Kamen Gäste, so setzte sich meine Großmutter immer schnell auf diesen Sessel, um eine Entdeckung des heimlichen Schadens zu verhindern, zu dessen ordentlicher Behebung es damals schon an Geld fehlte. Dafür bot der beschädigte Sessel andere Möglichkeiten. Einige blinkende messingköpfige Ziernägel waren locker, die konnte man heimlich herausziehen, dahinter ein Stück Gurt abheben und ins staubige Sesselinnere schauen.

Noch später kamen die Männer vom Steueramt, setzten sich breit in den Salon, führten kühle Verhandlungen mit einem der Erwachsenen, sprachen von Pfändung und klebten weiße Vogelmarken auf das glatte Holz. Dann durfte ich mir mit Großmutters voller Zustimmung an der grünen Garnitur zu schaffen machen. Ich durfte die Marken anfeuchten und von den Möbeln ablösen, fein säuberlich, daß an dem gelbbraunen Holz keine Spur von ihnen zurückblieb. – „Wenn es das Kind war, das sie heruntergerissen hat, kann man doch uns nichts tun", sagte meine Großmutter. Sie lächelte dabei über die ganze Garnitur hin und her, denn sie hielt den Kopf nicht still wie sonst.

Es waren aber nur unscheinbare weiße Marken; der Vogel war nicht bunt gemalt, sondern schwarz gezeichnet. Die Schrift war dürr. Das war lange nicht so schön wie die bunten Briefmarken, die ich zu sammeln begonnen hatte, aber es waren doch Marken, und ich klebte sie vorläufig auf die leere letzte Seite meines Albums, denn sie hatten keinen Poststempel. Für Briefe werden sie noch nicht verwendet, hatte man mir gesagt.

Wenn ich weiße Marken bekam, mußte ich gewöhnlich einige Tage später Großmutter, die damals schon schlecht sah, in einen kleinen Laden führen, in dessen Schaufenstern alte Münzen, nachgedunkelter Schmuck und dazwischen verirrte Goldzähne auf Samt lagen. Er war verblichen, aber er war echter blauer Samt und beim Streicheln noch weicher als der grüne Plüsch der Garnitur. Dort im Laden kramte Großmutter seufzend und ganz langsam in Seidenpapier gehüllte Gegenstände aus ihrer Tasche, zählte dann mit befeuchtetem Finger das Papiergeld, ehe sie es einsteckte und sagte beim

Hinaustreten an die Luft der hellen Straße immer zu mir: „Wieder ein Stück weniger." Die grüne Garnitur blieb im Salon stehen. Die Marken, die nötig gewesen wären, um sie wegzuschicken, hatte ich in meinem Album.

Um 1930, als ich noch in die Grundschule ging, wurde uns der elektrische Strom gesperrt. Wir hatten zwei Jahre lang nur Kerzen und Petroleumlampen. Damals verdarb ich mir die Augen, und die grüne Garnitur litt unter dem tropfenden Wachs. Den seltenen Gästen erzählte man gewöhnlich etwas von Kurzschluß, und sie überstützten sich in Versicherungen, das mache doch gar nichts, im Gegenteil, Kerzenlicht sei romantisch. Sie gingen meist bald, noch bevor es zu dämmern begann.

Der Sessel, der schon seit Jahren am lautesten geknarrt und gepfiffen hatte, brach damals endgültig zusammen. Er wurde aus der Wohnung entfernt. Käthe trug ihn zum alten Gerümpel auf den Dachboden hinauf, für sie war es ein Stück weniger zum Abstauben. Sie sang dabei: „Es zog ein Regiment vom Ungarland herauf." Aber nicht ein einziger Soldat kam mit auf den Dachboden, nur meine Großmutter ging Käthe langsam nach, sah zu, wie der Sessel in Käthes Händen höher und höher die Bodentreppe hinauftorkelte, zuckte zusammen, wenn er an die Mauer stieß, betrachtete ihn noch einmal an seinem Ruheplatz zwischen dem alten Bodenkram und stand dann unschlüssig da, als müsse sie ihm drei Handvoll Staub nachwerfen, wie sie es bei Onkel Dio getan hatte. Dann erst merkte sie, daß ich ihr nachgeschlichen war und jagte mich laut schimpfend wieder in die Wohnung hinunter.

Als ich ins Gymnasium ging, wurden die dringlichsten Schulden bezahlt. Es gab wieder elektrisches Licht und ein elektrisches Bügeleisen. Die Familie strengte sich an, den Hausstand wieder ins richtige Gleis zu bringen.

Damals wurde beschlossen, ein Zimmer zu vermieten. Allerlei Bilder, Möbel und Teppiche wurden in dieses Zimmer getan, darunter auch die grüne Garnitur. Mir war das nicht lieb, denn seit kurzem hatte ich mir das Recht erworben, meine Freunde und auch ein Mädchen, das ich in den Sommerferien kennengelernt hatte, in den Salon zu führen; außerdem war es manchmal, wenn ich in trübseliger Stimmung war, gut, leise in den Salon zu gehen und dort inmitten der Pracht goldgerahmter Ölbilder und grünlicher Spiegel irgendeinen alten, in Leder gebundenen Schmöker zu lesen. Ohne die grüne Garnitur aber war der Salon trotz Spiegelschrank und Schaukelstuhl nicht mehr der Salon. Auch meine Großmutter ging es gegen den Strich. Sie ging immerfort um die Möbel herum, und nachher konnte ihr den ganzen Tag über niemand etwas rechtmachen.

Aber wir waren keine erfahrenen Zimmervermieter. Nach ein, zwei Wochen stellte sich heraus, daß unser Mieter die grüne Garnitur gar nicht zu würdigen wußte und ihr die Eßzimmerstühle vorzog. Wir hatten in den letzten Jahren meist ohnehin in der Küche gegessen, und so lag uns nicht viel an den Eßzimmerstühlen. Die grüne Garnitur aber schleppten meine Großmutter und ich im Triumph in den Salon zurück.

Das Mädchen konnte wieder in den Salon kommen, wenn es mich besuchte, und auch von Schicksalsschlägen konnte ich mich wie früher auf dem Sofa der grünen Garnitur erholen. Gegen alle Schicksalsschläge half das aber auch nicht. Als das Mädchen Wien verließ, weil ihre Eltern meinten, Österreich sei ein Land ohne Zukunft, es werde genau so kommen wie in Deutschland, und sie mit ihnen nach Amerika fuhr, mußte ich mein Gesicht tief in die Sofakissen vergraben, und auch dann wurde ich nicht ruhig, nur müde. Aber wenn man müde war, begann der grüne Plüsch zu wirken. Er hatte den staubigen Duft des Salons und, wenn man lange auf ihm lag, so daß sich das Holz des Sofas erwärmte, noch einen Rest vom scharfen Geschmack des längst vertrockneten Furnierleims. Außerdem hatte die Polsterung im Lauf der Jahre Duft und Parfum all der Menschen angenommen, die ihr in die Nähe gekommen waren. So mußte man nur die Augen zumachen und konnte dann aus den zahllosen Eindrücken einen tröstlichen heraussuchen. Auch das half.

Nach einigen Jahren begann meine Mutter, mit ihren Kleiderentwürfen Erfolg zu haben; sie brachten Geld ins Haus. Wir mußten kein Zimmer mehr vermieten, und nach und nach fing meine Mutter sogar an, größere Anschaffungen zu machen. Auch Möbel kaufte sie, bei einer Versteigerung, eine Biedermeiergarnitur. Die grüne Garnitur wollte sie verkaufen; sie sei alt und schäbig und zu nichts mehr gut.

Da stand meine Großmutter mitten im Salon, der sehr unordentlich aussah, weil die Männer die grüne Garnitur in einen Winkel gedrängt und an ihrem bisherigen Platz die neuen Biedermeiermöbel abgeladen hatten. Nun stand die kleine alte Frau zornig vor den wackeligen Plüschmöbeln, jede Hand an eine Stuhllehne geklammert, und erklärte: „Solange ich lebe, bleibt die grüne Garnitur im Haus. Was ihr dann tut, geht mich nichts mehr an.“

So wurde die grüne Garnitur nicht verkauft. Sie wanderte nur aus dem Salon ins dritte Zimmer, in dem der Mieter gehaust hatte. Ich hielt mich seither mehr als zuvor im dritten Zimmer auf.

Am 11. März 1938 zog Hitler in Österreich ein, am 24. April wurden meine Eltern verhaftet.

Während der Haussuchung saß die ganze Familie auf der grünen Garnitur, bewacht von zwei Polizisten. Dann blieb ich allein mit meiner Großmutter zurück. Wir saßen noch zwei oder drei Minuten wortlos da, ich streichelte den Plüsch. Bei der Haussuchung waren zuletzt hunderte Bücher von ihren Gestellen genommen, nach Geldscheinen und Aufzeichnungen durchblättert, geschüttelt und zu Boden geworfen worden. So war das Zimmer vom feinen Bücherstaub erfüllt, der die durch den Vorhang einfallenden Sonnenstrahlen sichtbar machte, in ihnen selbst sichtbar wurde und sich langsam auf alles niederließ, auf den Parkettfußboden, auf die wirr aufgehäuften Bücher, auf unsere Hände und unser Haar, auf unsere Zungen und in unsere Nasen, auf den Plüsch, auf das blinkende gelblichbraune Holz und in alle Ritzen und Ecken der grünen Garnitur.

Einen Monat später, am 24. Mai, wurde mein Vater nach Hause gebracht. „Wieder einer weniger", sagte der eine Polizist. Er schien auf Antwort zu warten und sah die Bilder und die Möbel an. Aber niemand gab Antwort. Dann ging er wieder. Mein Vater mußte auf das Sofa gelegt werden; er versuchte eine Zigarette zu rauchen und lag keuchend und laut röchelnd auf dem grünen Plüsch, bis der alte Hausarzt kam, ihm eine Kampferinjektion gab und ihn ins Krankenhaus schaffen ließ. Er starb am selben Abend; man hatte ihm bei einem Verhör die Magenwand eingetreten.

Am nächsten Tag sah ich das Sofa an, auf dem er zuletzt gelegen hatte. Ich konnte noch deutlich die schmutzigen Vertiefungen sehen, wo seine Schuhabsätze sich in den Plüsch eingegraben hatten. Sonst hatte, glaube ich, seit den Tagen, in denen ich als Kind krähend auf den Möbeln herumgehüpft war, kein Mensch die morsche Polsterung mit den Schuhen berührt. Aber sie hatte diese Prüfung gut bestanden. Die Vertiefungen ließen sich glätten; den Straßenschmutz bürstete die Großmutter bedächtig weg.

Als der Hausverwalter sich weigerte, die Kündigung zurückzunehmen und es klar wurde, daß wir die Wohnung verlassen mußten, war es meine Großmutter, die sagte: „Du wirst auch die grüne Garnitur verkaufen müssen.“ – Ich nickte und sah sie an. Ihr Gesicht war ruhig.
„Es spielt keine Rolle mehr“, sagte sie. Sie war damals über siebzig Jahre alt und fast blind. Die Prismen des Lüsters, der mit den Möbeln aus dem Salon ins dritte Zimmer übersiedelt war, spiegelten die grüne Garnitur und brachen zugleich das grelle Sonnenlicht zu einer Vielfalt von Farben und Strahlenfiguren, wie wenn man mit Tränen in den Augen blinzelt.

Eine Woche später fand sich ein Käufer, ein Metallarbeiter. „Wissen Sie, ich hab nicht viel Geld“, sagte er zu meiner Großmutter, „aber ausnützen möchte ich Ihre Lage nicht. Sie brauchen nicht zu glauben, daß mir das alles recht ist, was da jetzt geschieht.“ – Er machte eine verlegene Handbewegung und bot dann fast doppelt soviel wie der Möbelhändler. Er wohnte in der Nähe und holte die Möbel einzeln ab, um Transportkosten zu sparen. Immer wieder öffnete ich die Wohnungstüre, schloß sie dann hinter ihm und seiner Last und ging ins Zimmer zurück, das leerer und leerer wurde. Wo das Sofa gestanden hatte, war der Fußboden dunkler, aber an der Wand blieb ein heller Fleck zurück. Es spielte keine Rolle mehr, in wenigen Tagen mußten wir ausziehen.

Zuletzt, als die Wohnung schon ganz leer war, zwei Tage vor meiner Abreise nach England, bestand meine Großmutter noch darauf, mit mir einen Rundgang zu machen, um zu sehen, ob nichts vergessen worden sei. Sie selbst übersiedelte zu zwei alten Tanten in einen anderen Bezirk. Koffer und altertümliche Kisten mit allerlei Hausrat und Andenken waren schon dorthin geschickt worden.

Als wir die nackten Zimmer durchschritten hatten, stiegen wir noch auf den Dachboden. Ich mußte meiner Großmutter über die letzte Stufe hinaufhelfen, die doppelt so hoch war wie die anderen. Dann aber fand sie sich trotz ihrer schlechten Augen zwischen dem Gerümpel besser zurecht als ich. So ging sie geradewegs auf den ausgedienten Sessel zu, der dort, wo sein Bein gebrochen war, auf einem vorspringenden Balken des Dachstuhls ruhte. Sie fegte mit einem Lappen den Staub notdürftig von Holz und Plüsch und setzte sich dann breit und gemütlich hin, als säßen wir unten im Salon auf der grünen Garnitur um den ovalen Tisch herum. Sie sagte: „Der ist noch gar nicht so schlecht." Ich sah sie besorgt an. Sie lächelte.

Ich hatte das fehlende Bein gefunden und blankgewischt. Im schrägen Licht, das durch die Dachluke fiel, glänzte das Furnierholz mit seinen Rundungen und kleinen Rissen. An manchen Stellen konnte ich sogar mein Gesicht erkennen, gespiegelt in komisch verzerrten Grimassen, von denen nicht zu sagen war, ob sie lachten oder heulten. Hauchte man das Holz an, so vergingen Glanz und Spiegelbild, alles wurde matt. Aber nach wenigen Augenblicken schrumpfte das matte Feld von den Rändern her wieder ein, und das Holz begann zu glänzen wie zuvor. Ich wog das Sesselbein in der Hand. Es war gekrümmt und sah aus wie eine alte Keule oder ein sonderbarer starker Knochen, „eines Esels Kinnbacken ...". Ich hätte das alte Holz wie eine Waffe schwingen und losschlagen müssen, Einer gegen Tausende, gegen Polizeigesichter und Beifallbrüller, gegen Mützen, Armbinden und Stiefel. Aber ich war kein Simson. Ich gab mir einen Ruck und schlug meiner Großmutter vor, den Sessel mit Werkzeugen unserer Nachbarin zu reparieren und ihn ihr nachzubringen. Sie lachte mich aus: „Sei nicht so dumm; du hast Wichtigeres zu tun in deinen letzten zwei Tagen hier." Dann verließen wir den Dachboden.

Ich fuhr über Belgien nach England. Bis 1942 kamen Nachrichten von meiner Großmutter, dann wurde sie nach Theresienstadt geschickt und ist von dort nicht mehr zurückgekommen. Der Bodenkram des Hauses Alserbachstraße 11 ist im Krieg verbrannt, als unsere Nachbarin aus dem obersten Stockwerk sich selbst und ihre Wohnung mit Benzin übergoß und anzündete. Der Schaden ist längst repariert, das Haus sieht von außen wie neu aus. Bei meinen Besuchen in Wien habe ich es nicht wieder betreten.

Illegales Material

Wien, 1937. – Ein Jahr, nein, nur noch zehn Monate vor Hitlers Einmarsch. Ein humanistisches Gymnasium, auf den breiten, hallenden Korridoren oder unten im Vestibül, beim kleinen Laden mit den belegten Brötchen, mit denen sich der Schulwart, nach alter Lateinschulart immer noch „der Pedell" genannt, etwas dazuverdient. Ich weiß nicht mehr, ob es im Vestibül oder einige Stufen höher, auf dem Korridor war, aber ich weiß noch, es war ein warmer Tag, kurz vor Anfang der Sommerferien. Ich hatte kalten Miag-Kakao getrunken, genüßlich, durch einen Strohhalm, und stand ein wenig müde und träg da.

Plötzlich sah ich den fremden Jungen. Groß, blond, kurzgeschnittenes Haar, das borstig hochstand. Eckige Bewegungen. Und, aha, er stand neben Bertel.

Bertel war in unserer Klasse der führende Mann der illegalen Hitlerjugend. Der fremde Junge, der da mit ihm sprach, war also sicher auch ein Nazi. Was ging das mich an? Anzeigen würde ich es sowieso nicht. Jeder von uns wußte, was seine Mitschüler waren. Wir diskutierten miteinander, stritten, beschimpften uns auch, aber keiner zeigte einen anderen an. Man war auch schon sechs Jahre in einer Schulklasse beisammen. Am Anfang dieser Zeit war Österreich noch eine Demokratie gewesen. Jetzt, da sowohl die Nazis wie die Linken verboten waren, kämpften wir unsere Meinungsverschiedenheiten unter uns aus, hatten aber keine Lust, einander zu verraten. Nicht an diese Regierung, die den zwangsweisen Gottesdienst eingeführt hatte, für die christlichen Schüler am Sonntag, für die Juden am Samstag, und die alle Rechte der Schüler, Mitspracherecht, Klassensprecher, auch gemeinsame Schulklassen für Jungen und Mädchen, abgeschafft hatte.

Da die Naziflugblätter und ihre Anklebezettel ebenso wie die der Sozialdemokraten und Kommunisten verboten waren, wurden sie alle begehrte Sammelobjekte. Auch die von uns, die selbst heimlich das Propagandamaterial verbreiteten, versagten sich nicht den Luxus einer möglichst vollständigen Sammlung. Nazis, Sozialdemokraten und Jungkommunisten gingen sogar so weit, miteinander zu tauschen, wenn es ihnen nicht gelungen war, irgendwo ein gegnerisches Blatt oder einen Aufkleber zu finden oder von einer Wand loszumachen.

Wenn Schulkollegen, die entgegengesetzten Parteien angehörten, einander beim Kleben begegneten, warnten sie einander auch vor nahenden Polizeistreifen. Da kam es gelegentlich zu eigenartigen kurzen Gesprächen:

„Du, verschwind hier lieber!“
„Was? Verschwind du selber, sonst gehts dir schlecht!“

„Ganz wie du willst. Aber die Schmier (= Polizei) kommt die Straße herauf."

„Ach so? – Na, dankschön!"

Ich stellte ohne Staunen fest, daß der fremde Junge meinem Mitschüler Bertel einen ganzen Stoß gelblichgraues Papier übergeben hatte. Irgendetwas stand darauf, in blau-violetter Kopiertinte. Im Vorbeigehen las ich die letzte Strophe eines kurzen Gedichtes:

„Dem Verdienste seine Kronen,
Untergang der Schlangenbrut!
Nicht auf einer Stufe wohnen
Soll der Deutsche
und der Jud!"

Also nicht nur Nazipropaganda, sondern auch noch antisemitisch! Als ich zu überlegen anfing, was tun, hatte ich dem verdutzten Bertel schon mit einer raschen Bewegung nach links den ganzen Papierstoß entrissen, war auf meinen Ausgangspunkt zurückgesprungen und hielt den Papierstoß, vielleicht dreihundert Blatt, fest umklammert.

Bertel hatte sich von seiner Überraschung erholt: „Gib das sofort zurück, sonst hau ich dich zusammen!" Bertel war der Stärkste in der Klasse.

„Das kannst du leicht", sagte ich, „aber dabei entsteht lauter Krach, und dadurch fliegt alles auf!"

Bertel kratzte sich besorgt den Kopf: „Und was tust du sonst damit?"

„Ein Blatt für meine Sammlung und ein Blatt für deine. Den Rest verbrenn ich. Schluß, aus. Dein Blatt kannst du schon jetzt haben.“ Er nahm es, sagte aus Gewohnheit „Danke“ und ärgerte sich schon im nächsten Augenblick über seine Danksagung.

„Verläßlich?“ fragte er noch, wurde aber von einer Frage des fremden Jungen unterbrochen, der mit einer Kopfbewegung auf mich deutete: „Das ist doch ein Jud?“

Es war mehr ein leiser Ausruf als eine Frage.

„Ja.“ sagte Bertel.

„Und du glaubst, was ein Jud dir verspricht!?“

„Der ja. Ich kenn ihn schon seit sechs Jahren!“

Der Fremde machte ein angeekeltes Gesicht. Wegen Bertels sechsjähriger Bekanntschaft mit mir oder wegen der Leichtgläubigkeit eines HJ-Führers.

„Da schau!“ Er nahm Bertel das Blatt mit den Versen aus der Hand und hielt es ihm unter die Nase. Dabei las er ihm einen anderen Reim vor:

„Wie dem Fuchs auf grüner Heid’,
So trau dem Juden bei seinem Eid!“

„Verstehst du?“ fragte er mahnend und gab es ihm zurück.

Bertel antwortete mit erhobener Stimme: „Geh, hörst du? Mir wirst du nicht erzählen, wem ich trau’ oder nicht, wenn ich einen seit sechs Jahren kenn’!“

Ich fühlte mich als Zeuge dieser Szene nicht recht wohl: „Wenn ihr so laut hier streitet“, sagte ich zu Bertel, aber so, daß auch der andere es hören konnte, „dann fliegt es ohnehin auf. Weißt du was, ich bleib mit dem Zeug hier stehen, und ihr geht beiseite und macht es euch untereinander aus. Ich warte.

Die Pause hat ja eben erst angefangen. Du kannst mich nachher immer noch zusammenhauen, wenn du willst."

Die beiden entfernten sich. Endlich hatte ich Zeit, ein Blatt in Ruhe zu betrachten. Das Hakenkreuz rechts und links oben, der Rest Geschriebenes – nicht einmal mit der Maschine geschrieben! Fast alles Gedichte, aber schlechte:

> Nordische Männer voll Kraft und Mut,
> Nimmer gerastet, nimmer geruht,
> Bis ihr gerettet Geist und Gut
> Vor asiatischer Schlangenbrut!

Zu der gehörte also auch ich? Eigentlich fühlte ich mich davon gar nicht betroffen. Noch nie hatte mich jemand asiatische Schlangenbrut genannt. – Ein ungereimter Text hingegen machte mich lachen. Halblaut nur, um nicht aufzufallen, aber doch:

> Woraus besteht der Jude?
> 50% Frechheit
> 40% Verschlagenheit
> 5% Zucker und
> 5% Kassenskonto

Zuerst hatte ich instinktiv nachgerechnet. Ja, es waren zusammen 100%. Soweit stimmte es. Aber die einzelnen Posten waren natürlich eine Gemeinheit. Daß Juden eine etwas höhere Anzahl von Zuckerkranken hatten, war mir bekannt. Und der letzte Posten, daß die Juden, offenbar als eingefleischte Kaufleute, bei Barzahlung 5% Nachlaß von ihrer eigenen Substanz geben sollten, war eine so ausgefallene Idee, daß ich trotz meiner Empörung nicht ernst bleiben konnte.

Da stand Bertel neben mir, mit grimmigem Gesicht. „Behalt dir den Dreck“, sagte er, „so ein Arschloch!“

Er ging rasch weg, ohne abzuwarten, ob ich etwas sagte oder fragte. Das Blatt mit den Versen zerknüllte er und warf es zu Boden, von wo ich es aufhob, damit es nicht in falsche Hände geraten könne. Übrigens kam er nach der Schule, auf unserem gemeinsamen Heimweg doch darauf zurück. Er hatte seine Ruhe wiedergefunden und bat sich ein anderes Blatt für seine Sammlung aus. Ich gab es ihm bereitwillig.

Ein Jahr danach, als der Besitz einer Menge illegalen Materials der verschiedensten politischen Parteien für mich als Juden zu gefährlich war, schenkte ich ihm zum Abschied meine ganze Sammlung.

Der Blumenstrauß

Sich verteidigen wollen
mit zerbrochenen Flaschen
gegen die
die einen holen kommen
war Verzweiflung
vielleicht schon steigender Wahnsinn

Aber sich nicht verteidigen
gegen die
die einen umbringen kommen
war kein Ausweg
und kein
vernünftiger Ratschlag

Die zerbrochenen Flaschen
waren große
blühende Blumen
ein Blumenstrauß
in den Armen
„Laß Blumen sprechen!“

Die Verzweiflung
war
auf einmal
ein Wiesenweg voller Blumen
scharf duftend
Was Wahnsinn heißt
war der Weg
wo kein Weg mehr blieb

Ihn heute
Wahnsinn zu nennen
wäre
Beschimpfung
der Toten

Zerbrochene Flaschen als letzte hoffnungslose Widerstandswaffe wurden von den Opfern des Nationalsozialismus zuweilen bereitgelegt.

Hitlerjunge Papanek

Bei uns in Wien hatte es genau fünf Jahre später begonnen. Was in Deutschland seit Anfang 1933 geschehen war, das hatten wir aufmerksam verfolgt. Ein Jahr danach hatte es bei uns einen mißglückten Naziputschversuch gegeben, bei dem der allgemein unbeliebte österreichische Bundeskanzler Dollfuß von den Putschisten erschossen wurde. Und wieder ein Jahr später hatte Hitler mit viel größerem Erfolg Druck auf Österreich auszuüben begonnen, das unter Dollfuß und seinem Rechtsblock aus einer Demokratie zu einem klerikalen dreiviertelfaschistischen Ständestaat geworden war und sich durch diese Entwicklung von demokratischen Staaten Europas, wie Frankreich oder der benachbarten Tschechoslowakei selbst isoliert hatte, was bald zu seinem Unglück werden sollte. Nun, seit 1936, hieß es in Österreich offiziell: „Wir sind der zweite deutsche Staat. Getrennt marschieren, vereint schlagen!“ Und die von meinen Schulkameraden, die großdeutsche Sympathien hatten, fragten: „Warum dann nicht gleich: Ein Volk, ein Reich, ein Führer?“ Das nämlich war die Losung der Nazis.

Wir anderen, die gegen die Nazis waren, von den wenigen monarchistisch oder streng katholisch Gesinnten bis zu den Liberalen, Sozialdemokraten und Kommunisten und zu den jüdischen Schülern, zu denen auch ich gehörte, wußten, daß eines Tages auch über Wien die Hakenkreuzfahne wehen werde, und viele dachten, daß man eigentlich rechtzeitig fliehen müsse. Das war aber ein Wissen und Denken, das man im allgemeinen nur im Hinterkopf behielt, ähnlich wie heute die Gedanken an das Kommen eines Atomkrieges. Zu unserem Alltag aber gehörte das Zusammenleben von Schülern, die in der illegalen Hitlerjugend waren, mit jüdischen und antifaschistischen Mitschülern. Hitlerjugend und linke Organisationen waren gleichermaßen verboten. Erlaubt war nur die staatliche „Vaterländische Front", deren Abzeichen mit Eichenlaub und den Worten „seid einig" wir alle tragen mußten, die wir aber verspotteten und der fast niemand als wirkliches Mitglied angehörte. Jeder in unserer Schulklasse kannte die politische Zugehörigkeit jedes anderen. Auf dem Schulweg und in der großen Pause wurde viel diskutiert, gestritten, manchmal auch geschlagen; aber daß einer einen politischen Gegner verraten hätte, kam nicht vor. Auch durch Einsagen und Zuschieben von Zetteln half man sich gegenseitig ohne Unterschied der Konfession oder Partei.

Mein Nachbar auf der Schulbank war seit Jahren Herbert Papanek, ein lebenslustiger, aufgeweckter, fast immer freundlicher Junge, Mitglied der illegalen Hitlerjugend, was mich aber nicht allzu sehr störte, so wenig wie ihn die Tatsache, daß ich nicht nur Jude, sondern auch „einer von den Linken" war. Papanek war ein Mathematikgenie und machte meine Mathe-Schularbeiten für mich, während ich in diesen kostbaren Minuten heftig werbende Liebesgedichte schrieb, die er für seine Freundin brauchte, eine Jüdin. Aber damals, ehe Hitler nach Österreich kam und auch bei uns die Nürnberger Rassengesetze eingeführt wurden, trösteten sich unsere Nazi-

Mitschüler, wenn ihre Neigungen mit der Rassentheorie in Konflikt kamen, noch mit dem alten österreichisch-schlampigen Antisemitenspruch: „Jüdinnen sind keine Juden." Papaneks Liebesglück aber sollte nach Hitlers Einmarsch in Österreich von rassistischen Verboten nicht gestört werden.

An einem jener Märztage nach dem Einmarsch nämlich, als das für die Jahreszeit ungewöhnlich gute Wetter meiner trüben Laune zu spotten schien, eröffnete mir mein Banknachbar Papanek eines Morgens, daß seine Eltern ihm soeben mitgeteilt hatten, sie seien zwar alle beide als Kinder gut katholisch getauft, der Rasse nach aber seien sie beide rein jüdischer Herkunft. „Das heißt", sagte Papanek, der mit seinen 19 Jahren älter als die meisten in der Klasse aussah, „daß ich Ruth wirklich heiraten kann!" Ruth war natürlich die Empfängerin der Liebesgedichte, die mir das Überstehen meiner Mathematik-Schularbeiten ermöglicht hatten.

Jedoch war diese Heiratsmöglichkeit nicht die einzige Veränderung, die sich für den langjährigen illegalen Hitlerjungen aus seinem neuen Wissen ergab. Er hatte seinem HJ-Führer, der ebenfalls unserer Schulklasse angehörte, pflichtgemäß über das, was er erfahren hatte, Bericht erstattet, und Bertel, der HJ-Führer unseres Gymnasiums, fragte mich noch am selben Tag auf unserem gemeinsamen Schulweg, den wir seit Jahren mit Streiten und mit Gesprächen über Gott und die Welt verbrachten: „Sag, was machen wir denn mit dem Papanek?"

„Ganz einfach!" antwortete ich: „Bringt ihn um! Das paßt gut zu euch und damit seid ihr das Problem los."

Bertel war verständlicherweise ungehalten: „Blöde Witze kann ich auch allein machen", murrte er. „Sag doch lieber was, was wirklich hilft."

Ich sah ihn an und merkte, daß er ehrlich besorgt war. Der Fall ging ihm offenbar zu Herzen.

„Also im Ernst“, sagte ich: „Er wird natürlich emigrieren müssen, so wie ich und alle, die jetzt durch euch ihre Rechte und ihre Zukunftsaussichten verlieren. Vielleicht wird er jetzt auch seine Ruth heiraten. Aber Geld haben seine Leute überhaupt keins. Vielleicht könnt ihr in der Hitlerjugend für ihn sammeln? Er war doch einer von euch.“

Den anklagenden Unterton in meinen Worten überhörte Bertel: „Ja, das ist eine gute Idee. Das werden wir tun.“

Tatsächlich organisierte Bertel die Sammelaktion für den alten Mitkämpfer so erfolgreich, daß in den nächsten Wochen viel mehr Geld zusammenkam, als Papanek nach den strengen Devisenvorschriften der Nazis als Jude ins Ausland mitnehmen durfte. Bertel half ihm dabei, auszuklügeln, welche nicht allzu auffälligen, dennoch aber wertvollen und im Ausland leicht verkäuflichen Gegenstände – wie zum Beispiel alte Briefmarken – Papanek für das gesammelte Geld kaufen könne, um die Devisengesetzgebung des Dritten Reiches erfolgreich zu umgehen.

An jenem Tag aber, an dem wir zuerst von der Geldsammlung gesprochen hatten, war das Gespräch zwischen Bertel und mir noch nicht zu Ende. Er wollte nämlich wissen, ob man nicht sonst noch etwas für Papanek tun könne. „Schließlich war er doch die ganze schwere Zeit über, wo es verboten war, einer von uns“, meinte er. „Da sollten wir ihm doch wenigstens eine Abschiedsfeier veranstalten, nicht wahr?“

„Ja, warum nicht“, pflichtete ich harmlos bei. „Ihr habt doch euer HJ-Lokal. Ich stelle mir das sehr schön vor, vielleicht mit einer Papierkette, immer abwechselnd ein Hakenkreuz und ein Davidstern, das wäre doch sehr originell?“

Bertel war nicht einmal wütend auf mich: „Das ist doch die Scheiße!" rief er: „Ins HJ-Lokal darf er doch gar nicht mehr hinein. Er ist doch ein Jud!"

„Siehst du?" konnte ich mich nicht enthalten, zu fragen.

„Ja, aber was tun?"

Die Sache ging Bertel wirklich nahe. Kein Argument, das ich im Lauf der letzten drei Jahre auf unserem Schulweg gegen die Rassentheorie vorgebracht hatte, schien je solchen Eindruck auf ihn gemacht zu haben wie jetzt der Fall Papanek.

„In der Türkenstraße, schon unten bei der Roßauerkaserne hab ich gesehen, daß das kleine Gasthaus dort noch keine Tafel hat, JÜDISCHE GÄSTE UNERWÜNSCHT! Vielleicht könnt ihr die Abschiedsfeier dort machen?"

„Das ist eine Potzentippelidee", rief Bertel erfreut. „Ich geh gleich hin und frag."

Dort fand dann die Abschiedsfeier wirklich statt. Herbert Papanek und seine Ruth wanderten etwa zwei Monate später nach Bolivien aus und heirateten zuvor. Die Vertriebenen heirateten damals häufig sehr jung, vielleicht um das Leben in der Fremde nicht allein erdulden zu müssen. Den Grundsatz, man müsse sich zuerst eine Existenz aufbauen, hatte die allgemeine Existenzvernichtung durch Hitler ohnehin außer Kraft gesetzt.

Bertel hat den Krieg überlebt und fragte mich, als wir uns viele Jahre später in Wien wieder trafen, wieso ich denn so tolerant sei, jetzt nicht alle Deutschen zu hassen, die doch damals unser Österreich mit ins Unglück hineingerissen hätten. Worauf wir wieder einmal über die Unklugheit nationaler und rassistischer Verallgemeinerungen Streit hatten, fast wie in alter Zeit.

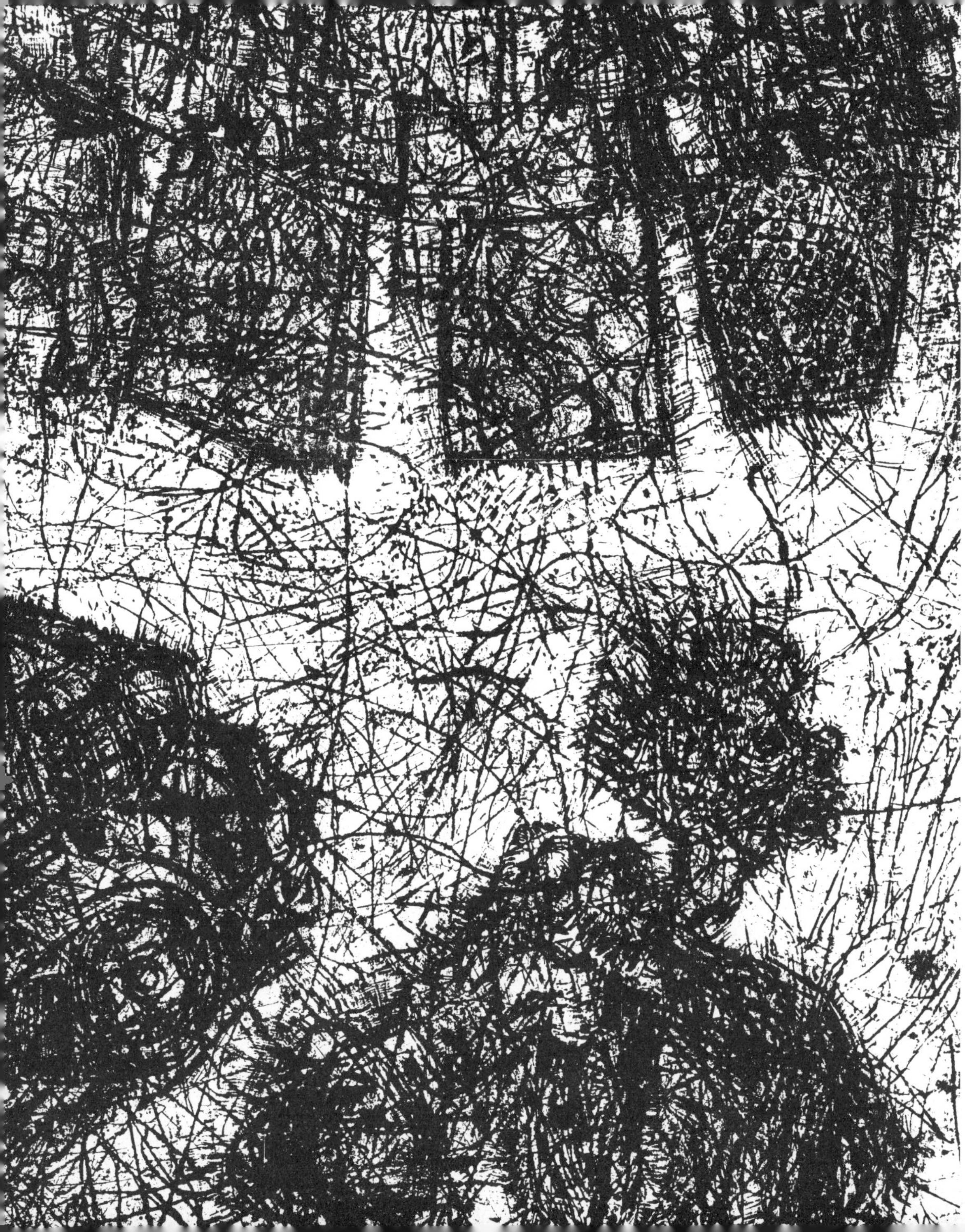

Kein Kinderspiel

Ein Spielplatz
Für Kinder
Das war etwas einfaches
Etwas
Was gar nicht zum Nachdenken war
Nur zum Freuen
Ein Spielplatz
War nichts als ein Spielplatz

Jetzt ist er
Ein verbotenes Gebiet
Verboten für Kinder
Die nicht zur Rasse
Des Führers gehören

Das ist kein Kinderspiel mehr
Als artfremdes Kind
Auf den Spielplatz zu gehen
Das ist ein gefährliches Spiel
Dafür kannst du abgeholt werden
Und auch Deine Eltern
Verstehst du?
Abgeholt werden
Wer weiß wohin?

Ritterlichkeit

Leopold B., genannt Poldi, war kein besonders guter Schüler, aber ein guter Sportler und ein verläßlicher Kamerad. Er war vor einigen Jahren nicht versetzt worden und war dadurch in unsere Klasse gekommen, obwohl er ein Jahr älter war. In den Jahren von 1934 bis zum Einmarsch Hitlers im März 1938 war die Hitlerjugend, der er angehörte, verboten, und ich erinnere mich noch der langen, keineswegs feindseligen Gespräche mit ihm, in denen ich mich vergeblich bemühte, ihn von den Naziideen abzubringen.

Poldi sprach oft und gern von Ritterlichkeit. Für ihn war das ein Teil seiner künftigen Standesehre, denn er wollte Berufsoffizier werden, wie sein Vater, der es freilich zu keinem hohen Rang gebracht hatte und mit Frau und Kindern bescheiden in der Rossauerkaserne wohnte. Ritterlichkeit, Verteidigung derer, die sich nicht wehren konnten, Schutz der Schwächeren waren für Poldi wichtige Begriffe, nach denen er sich auch tatsächlich im

Schulalltag richtete, seit ich ihn kannte. Das machte ihn, wie gesagt, zu einem beliebten Kameraden, auf den man sich verlassen konnte, und daran hatte ich auch angeknüpft, wenn ich zu erklären versuchte, daß weder die Wirklichkeit des Soldatenberufes noch die des Nationalsozialismus im wesentlichen aus Schutz für Schwächere und aus Ritterlichkeit bestehe. Aber, so lange die Nazis in Österreich, ebenso wie alle politischen Richtungen außer der alleinherrschenden Regierungsorganisation, der „Vaterländischen Front", verboten waren, war es immerhin verständlich, daß sich der „illegale" Hitlerjunge Poldi als eine Art Freiheitskämpfer und Vertreter der Sache der Unterdrückten gefühlt hatte.

Nun aber war Hitlers Armee in Österreich einmarschiert, Poldi trug stolz vor aller Welt die äußeren Zeichen seiner Zugehörigkeit zur Hitlerjugend, in der er zu irgendeinem nicht allzu hohen Führungsrang aufgerückt war, ich weiß nicht mehr, zu welchem. In dieser Eigenschaft erhielt er an einem schönen Frühlingstag des Jahres 1938 den Auftrag, mit einer Gruppe von Hitlerjungen eine Schulklasse des jüdischen Gymnasiums in der Sperlgasse zu überfallen und zu verprügeln. Zwei der Jungen von der Sperlgasse waren noch am selben Abend bei mir zu Besuch gewesen und hatten von der abscheulichen Erfahrung berichtet. Das Ärgste war anscheinend, daß sie natürlich gar nicht versuchen durften, sich wirklich energisch zu wehren.

Daß Nazis Juden prügelten, war gut und in Ordnung, das Gegenteil wäre sofort ein Staatsverbrechen gewesen. Derlei ist weiter nicht verwunderlich, nicht einmal in sogenannten Demokratien, wie mir in den späten Sechzigerjahren in Frankfurt am Main Generalstaatsanwalt Fritz Bauer, ein guter Demokrat, kurz vor seinem Tod noch erklärt hat: „Wenn bei uns ein Polizist einen Demonstranten totschlägt, so war es Notwehr.

Wenn ihm ein Demonstrant den Knüppel entreißt und sich wehren will, so hat er wahrscheinlich sofort eine Klage wegen versuchten Mordes auf dem Hals." Um wieviel mehr die Unumkehrbarkeit des Prügelns unter Hitler galt, das muß man gar nicht erst sagen.

Nun, tags drauf traf ich Poldi in unserem Gymnasium, das damals noch jüdische und sogenannte „arische" Schüler gemeinsam beherbergte, in der Zehn-Uhr-Pause auf dem Korridor. „Na, Poldi, wie war es gestern Nachmittag mit der Ritterlichkeit?" wollte ich wissen.

Poldi wurde blaß. „Komm mit." Er führte mich in einen stilleren Winkel. Dort sagte er: „Du, ob du es mir glaubst oder nicht: Das war gestern das Ärgste, was mir je im Leben passiert ist."

„Warum hast du dich dann nicht geweigert? Für die von der Sperlgasse war es sicher noch ärger als für dich."

„Weißt du", sagte Poldi, „ich hab mir gedacht, wenn nicht ich es mach, dann machts einer, der wirklich mit Leib und Seele dafür ist, und dann wird es noch viel ärger. Und ich kann, wenn ich so einen Befehl verweigere, nicht nur über meine Hitlerjugendlaufbahn ein Kreuz machen, sondern auch mit meinen Aussichten auf den Berufsoffizier ist es dann Essig! Verstehst du das nicht?"

Er sah mich fast flehend an. Irgendwie tat er mir auch wirklich leid. „Poldi", sagte ich, „ich hab zufällig gestern noch zwei aus der Sperlgasse gesprochen. Die Prügel waren wirklich nicht besonders arg. Daß sie sich nicht wehren durften, war viel ärger für sie. Daß ein anderer Hitlerjugendführer mehr Unheil ausgerichtet hätte als du, das glaub ich dir.

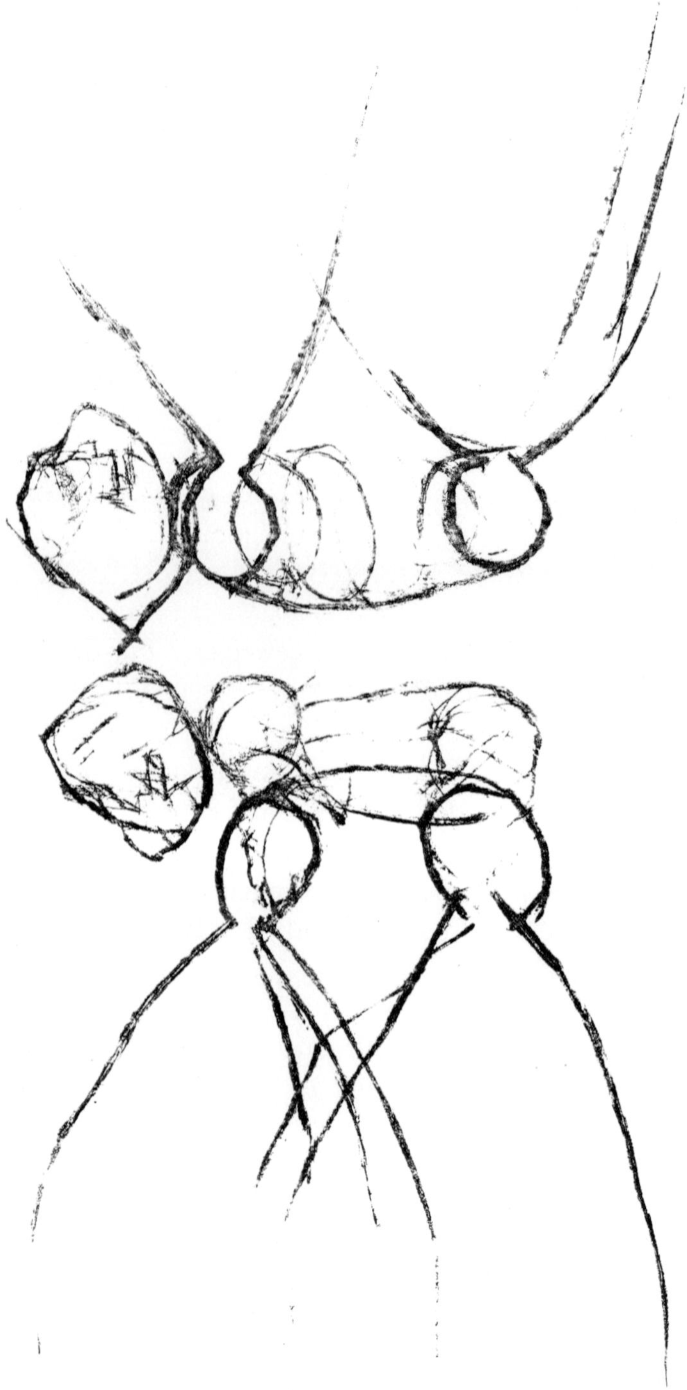

– Nur, Poldi, das ist doch erst der Anfang, verstehst du das nicht? Welche Befehle wirst du noch ausführen müssen, bloß wegen deiner Offizierslaufbahn?“

Poldi ließ den Kopf hängen. Kurz darauf, am 6. Mai 1938, verließ ich die Schule. Ich habe ihn nie wiedergesehen, er ist im Krieg gefallen.

Die Stiefellecker

Wozu gibt es Stiefel
An den Füßen der neuen Herren?
Zum Treten und zum Lecken
Für die die erniedrigt sein sollen

Aber manche kommen von selbst
Und sehnen sich nach dem Lecken:
Das sind keine gewöhnlichen Stiefel
Das sind die Stiefel der Herren

Die Herren sind dankbar
Für die geputzten Stiefel
Manchmal mit einem Lächeln
Und manchmal mit einem Tritt

Als die Nazis an die Macht kamen, in Deutschland im März 1933, in Österreich durch Hitlers Einmarsch im März 1938, gab es viele neue Mitläufer, die sich auf jede Art an die neuen Herren anzubiedern suchten. Diese wurden damals gelegentlich mit einem bitteren Witz „die Märzgefallenen" genannt. (Die eigentlichen Märzgefallenen waren die Opfer der Freiheitskämpfe der bürgerlichen Revolution von 1848 in Deutschland und Österreich. Die „neuen" Märzgefallenen wurden so genannt, weil sie vorher anders gedacht hatten oder anderen Parteien angehört hatten, aber „umfielen", als Hitler an die Macht kam.) Gröber und ohne solche historischen Witze nannte man diese neugebackenen Anbeter des Hakenkreuzes Stiefellecker, da die paramilitärischen Formationen der Nazis Stiefel trugen.

Dreimal Angst

1. Man zeigt auf mich.

Als Angehöriger einer verfolgten Minderheit, als Jude oder Zigeuner etwa, hatte man auch schon in den Jahren vor Ausbruch des Krieges, auch schon vor der sogenannten Reichskristallnacht, als die Synagogen brannten und die Juden zu Tausenden verhaftet wurden, nur mehr wenig Grund, sich sicher zu fühlen. Wer kein Jude war, der trug im Frühling 1938 in Wien ein Hakenkreuz. Die eigentlichen Nazis trugen das Parteiabzeichen, die anderen meistens ein kleines, aus silberglänzendem Metall gestanztes. Wer in Wien kein Hakenkreuz trug, der war entweder ein Jude oder ein „ernsthafter Bibelforscher“, ein „Zeuge Jehovas“, also ebenfalls Zielscheibe für Verfolgungen. Zigeuner waren in Wien sehr selten.

Ich erinnere mich noch genau, wie ich an einem regnerischen Tag vor dem Jugendgerichtsgebäude Schlange stand, um meiner verhafteten Mutter irgendwelche Kleidungsstücke zu bringen. Die Gefängnisse und Polizeizellen waren alle ständig überfüllt. So waren viele Frauen im Jugendgericht eingesperrt, besonders Untersuchungshäftlinge wie meine Mutter.

Ich stand im Regen und wartete. Das war nicht ganz ungefährlich. Manchmal kam SA oder SS und griff sich einige Leute zum Reinigen der Aborte in ihren Kasernen heraus. Dabei wurde man gelegentlich auch mißhandelt, abgesehen von der Demütigung. Manchmal wurde den zu solcher Arbeit Gepreßten auch Lauge oder Säure in ihr Waschwasser geschüttet, so daß sie sich die Hände beschädigten. Eigentlich wußte man, daß jeden Augenblick etwas geschehen konnte.

Ein Mann und eine Frau mittleren Alters sahen mich an. Sie trugen Lodenmäntel, auf dem Kragen vorne das Parteiabzeichen. Ja, kein Zweifel, sie sahen mich an. Mir war nicht wohl unter ihren Blicken. Sie zeigten auf mich und kamen auf mich zu. Ich beschloß, mir meine Angst nicht anmerken zu lassen.

Vielleicht meinten sie doch nicht mich? Ich sah meine Nachbarn in der Schlange der Wartenden an, aber die trugen alle ihre kleinen gestanzten Hakenkreuze. Nur ich nicht. Das hatten die beiden offenbar gesehen, als sie auf mich zeigten.

Nun stand die Frau neben mir und sagte: „Kommen Sie einen Augenblick da heraus." Es klang gar nicht unfreundlich, aber das konnte nichts Gutes zu bedeuten haben. Vielleicht gehörten sie zur Geheimen Staatspolizei, zur Gestapo? Die anderen in der Schlange taten, als sähen sie mich nicht.

Ich trat aus der Schlange heraus und ging mit der Frau bis zu dem Mann, der viel größer war als ich und mich genau ansah. Dann sprach wieder die Frau.

„Wir wollten Ihnen nur sagen, daß uns das leidtut. Wir hatten uns das nicht so vorgestellt. Nicht alle, die das tragen“, sie zeigten auf ihr Parteiabzeichen, „sind mit allem einverstanden, was jetzt geschieht.“

Der Mann nickte zustimmend. Ich sah von ihr zu ihm und dann wieder von ihm zu ihr. Auch ich nickte. Ich fühlte, daß ich eigentlich etwas Wichtiges, etwas Gewichtiges sagen mußte, aber ich brachte nur ein halblautes „Danke“ hervor. Der Mann gab mir die Hand, die Frau berührte mich an der Schulter und sagte: „Viel Glück! Sie werden's brauchen.“ Dann war es vorbei. Sie gingen weiter und ich ging zurück in die Schlange, wo man mir meinen Platz freigehalten hatte.

Später hat mir jemand gesagt, mit so einer Geste haben der Mann und die Frau weder etwas riskiert, noch habe jemand einen wirklichen Nutzen davon gehabt. Aber das stimmt nicht. Das Risiko mag klein gewesen sein, aber ich spüre bis heute noch, wenn ich mich daran erinnere, wie mich damals diese wenigen Worte aufgemuntert haben. Nicht nur meine Angst war verflogen, ich fühlte mich wieder als Mensch, als mindestens so gut wie meine Nachbarn in der Schlange mit ihren gestanzten silbrigen Hakenkreuzen.

2. Die Postkarte

Nicht alle Begegnungen waren so erfreulich. Ich stand vor dem Schaufenster einer großen Papierhandlung. Tagebücher, Briefpapier, Kalender verschiedener Art, Ansichtskarten, Schulhefte. Ich sah mir Papierhandlungen immer gerne, ja heißhungrig an. Aber diesmal kam noch etwas besonderes hinzu. Eine neue Postkarte, fächerförmig in vielen Exemplaren ausgelegt, mit einem Gedicht des Verfassers der bisherigen österreichischen Bundeshymne, Ottokar Kernstock!

Ehrlich gesagt, ich hatte diese Bundeshymne nie geliebt. Die Melodie war die gute, uralte von Joseph Haydn, die schon zu manchen Texten hatte herhalten müssen. Aber die Worte von Ottokar Kernstock waren ungewöhnlich schwülstig und salbungsvoll.

Das fing an „Sei gesegnet ohne Ende / Heimaterde wunderhold!“ und steigerte sich schon am Ende der ersten Strophe zum Ausruf: „Vaterland, wie bist du herrlich! / Gott mit dir, mein Österreich!“

Nun, Gott war nicht mit Österreich gewesen, denn nach einer an Unglück und furchtbaren Geschehnissen reichen Geschichte von zwanzig Jahren seit der Gründung der Republik im November 1918 war Österreich jetzt, vor einigen Wochen erst, am 11. März 1938, von Hitlers deutschen Truppen besetzt und seinem Großdeutschen Reich einverleibt worden. Aber anscheinend war Gott wenigstens mit dem Dichter der nun abgeschafften Bundeshymne, Ottokar Kernstock, denn dem war nach Hitlers Einmarsch, zum Unterschied von so vielen anderen Menschen, nichts geschehen. Im Gegenteil, vielleicht erfreute sich der Dichter, der ja außerdem ein Geistlicher Herr war, ein Priester, Gottes besonderer Gunst? Pater Ottokar Kernstock jedenfalls war mit der Zeit gegangen und hatte seine Gunst offenbar von Österreich ab- und dem neuen Regime zugewandt. Denn auf den Postkarten, die da so reichlich im Schaufenster der Papierhandlung zur Schau gestellt waren, prangte in dicker Frakturschrift ein achtzeiliges Gedicht, das Kernstocks Unterschrift trug, seinen geistlichen Stand allerdings taktvoll verschwieg. Das Gedicht lautete:

Das Hakenkreuz im weißen Feld
Auf feuerrotem Grunde
Hat uns mit stolzem Mut beseelt,
Es schlägt in unsrer Runde

Kein Herz, das feig
Die Treue bricht.
Wir fürchten Tod und Teufel nicht:
Mit uns ist Gott im Bunde!

Das heißt, so hätte das Gedicht offenbar nach dem Willen seines Dichters lauten sollen, aber auf der Ansichtskarte, die über den Versen die knallrote

Hakenkreuzfahne zeigte, genau wie sie der Dichter so treffend beschrieben hatte, war dem Setzer ein kleines Unglück zugestoßen. Er hatte die dichterische Feinheit, mit der der Verfasser die Satzkonstruktion aus der ersten Strophe in die zweite hinüberzog, ein Kunstmittel, das Enjambement genannt wird, nicht verstanden und aus Versehen am Ende der ersten Strophe einen Punkt gesetzt, so daß sie vom Hakenkreuz nun aussagte:

„Es schlägt in unsrer Runde."

Das war nun wirklich wahr, Wahrheit wider Willen! Das Hakenkreuz hatte allerdings in der Runde geschlagen. Es hatte in zahlreichen Attentaten und Fememorden in mehreren benachbarten Ländern zugeschlagen, und nun war Österreich von ihm geschlagen, und ich kannte nur zu viele Menschen, die seither geschlagen worden waren. Deshalb mußte ich, als ich diese Worte „Es schlägt in unserer Runde." mit dem Punkt am Ende las und verstand, wie es dazu gekommen war, laut auflachen. Aber nur ganz kurz, denn dicht neben mir räusperte sich jemand.

Ich stand nicht allein vor dem Laden. Neben mir hatte sich ein anderer Leser eingefunden, ein dicker Mann in S.A.-Uniform, der mich mißtrauisch ansah.

Einen Augenblick lang war ich starr vor Angst. Hatte mein Lachen mich verraten? Ich wollte fortlaufen. Nein, das war nicht ratsam. S.A.-Männer waren geschulte Verfolger mit angelerntem Verfolgungsinstinkt. Aber stehenbleiben konnte ich erst recht nicht. Ich versuchte ihn flüchtig anzulächeln, nickte mit dem Kopf und ging dann mit raschen Schritten – aber, wohlgemerkt, ging, rannte nicht! – um die nächste Ecke. Erst als ich außer Sicht war, begann ich zu laufen.

3. Die Verteidigung Willi Byks

Die klerikal-faschistische oder dreiviertelfaschistische Regierung Österreichs, die, zwar ohne das zu wollen, aber deshalb nicht weniger erfolgreich, Hitler den Weg zur Besetzung des Landes geebnet hatte, war auch an der Schulordnung meines Wiener Gymnasiums nicht spurlos vorübergegangen. So war unter anderem auch die Einrichtung des von den Mitschülern gewählten Klassensprechers zugleich mit der Verwandlung der Republik in einen Ständestaat abgeschafft worden.

Ich war der letzte Sprecher gewesen und hatte als solcher die Aufgabe gehabt, die Interessen meiner Mitschüler gegenüber den Lehrern wahrzunehmen, zum Beispiel gegen ungerechte schlechte Noten zu protestieren. Obwohl diese Funktion eigentlich mit Abschaffung der Klassensprecher erloschen war, hatte sie sich in Wirklichkeit doch inoffiziell erhalten. Die wenigsten Lehrer waren für den österreichischen Ständestaat.

Die einen lehnten ihn ab, weil sie Sozialdemokraten waren oder doch Demokraten, die anderen, weil sie mit den Nationalsozialisten sympathisierten. So war ich immer noch gewohnt, gelegentlich, wenn es wichtig schien, im Namen von Mitschülern zu protestieren oder sonst zu sprechen.

Mittlerweile allerdings herrschte seit einigen Wochen Adolf Hitler in Österreich. Der Dreiviertelfaschismus war von seinem stärkeren Stiefbruder überrollt worden. Zu der unerwartet großen Zahl unserer Lehrer, die sich als heimliche Nazis entpuppt hatten, gehörte zu meinem Bedauern auch unser Griechischlehrer, Professor H., ein sehr guter Altphilologe, den ich immer gern gemocht hatte und der – dessen war ich sicher – auch mich mochte. (In Österreich hatten Studienräte am Gymnasium den Titel Professor.)

Es war mitten in der Griechischstunde. In der Klasse herrschte jene Totenstille, die sich immer einstellte, wenn ein Schüler aufgerufen war und nichts wußte. Nach den letzten Worten des Schülers oder der letzten Frage des Lehrers, und vor dessen abschließendem Ausspruch: „Setzen! Nicht genügend!" hätte man fast immer eine Stecknadel fallen hören können, wenn nicht gerade irgendwer absichtlich noch ein kleines Geräusch machte, um von dem verzweifelten Unterfangen eines wagemutigen Helfers abzulenken, der dem Geprüften noch die rettende Antwort zuzuflüstern versuchte.

Diesmal war mein Freund Willi Byk aufgerufen und konnte nichts, überhaupt nichts. Die Lage war hoffnungslos. Kein Flüstern hätte da helfen können. Außerdem war Professor H. viel zu aufmerksam für solche Versuche.

Mitten in diese Stille hinein platzte etwas, was mich vollständig überraschte. Professor H. machte über Willi Byk eine unflätige antisemitische Bemerkung. Das hätte ich meinem geliebten Griechischlehrer nicht zugetraut, auch wenn ich nun, seit er sein Parteiabzeichen trug, von seiner nationalsozialistischen Gesinnung wußte.

Ich kann mich beim besten Willen nicht mehr erinnern, was er sagte. Ich weiß nur noch, daß es so arg und unvermittelt war, daß auch die Nazimitschüler ihm nicht zustimmten oder Beifall spendeten. Eine solche Bemerkung, besonders angesichts der Hilflosigkeit eines geprüften Mitschülers, mochte auch ihnen gegen den Strich gehen.

Ich jedenfalls empfand es schändlich, vielleicht ganz besonders, weil ich von Professor H. eine bessere Meinung gehabt hatte. Dies und vielleicht auch meine alte Gewohnheit, als Klassensprecher zu fungieren, mochte der Grund sein, daß ich mit der Hand auf die Schulbank schlug und mit den Worten herausplatzte: „Das ist eine Schande!“ Sofort danach bestand ich fast nur noch aus Angst.

Die Stille schien noch tiefer geworden zu sein. Dann hörte man ein leises Kratzen von Prof. H.s Stuhl, als der schwere, dicke Mann sich ganz langsam zu mir herumdrehte. Er nahm seine Brille ab, putzte die Gläser und setzte sie wieder auf. Dann sagte er langsam in seiner tiefen, immer ein wenig singenden Stimme:

„Weil Sie das gewesen sind, Fried, habe ich nichts gehört. Aber das war wirklich das letzte Mal.“ – Dann, zu Willi Byk gewendet, fast tonlos, die unvermeidlichen Worte, die wir statt der antisemitischen Bemerkung erwartet hatten: „Setzen. Nicht genügend.“

Byk saß schon längst wieder, aber die Stille war immer noch da. Ich war über und über rot geworden. Professor H.s Worte waren ein Beweis, daß er wirklich etwas für mich übrig hatte oder gehabt hatte. Zugleich aber auch eine letzte Warnung. Jetzt mußte ich eigentlich aufstehen und laut sagen: „Aber es war wirklich eine Schande!" Zumindest aber mußte ich jetzt aufstehen und wortlos die Klasse verlassen. Das wußte ich. Das wollte ich. Aber ich tat weder das eine, noch das andere. Meine Angst war zu groß. Die Folgen wären nicht abzusehen gewesen.

Ich blieb also sitzen, stumm, ohne mich zu bewegen, immer noch rot im Gesicht. Das spürte ich. Ich fühlte mich gedemütigt. Ich nannte mich einen elenden Feigling. Erst als die Griechischstunde zu Ende war und Bertel, der Hitlerjugendführer in unserer Klasse, mir auf die Schulter schlug und sagte: „Also, eins muß man dir lassen, du traust dich was!", fühlte ich mich wieder besser. Ich hätte Bertel für diese Worte um den Hals fallen können.

Schlechte Kreuzung

Nach welcher Seite laufen?
Nach welcher Seite entlaufen?
Der Verkehr ist verkehrt
Die Ampeln sind nicht wie sie waren

Die grüne ist braun geworden
Die rote ist schwarz geworden
Das gelbe Licht ist giftig
Du kennst deine Stadt nicht mehr

Manche Menschen sind Menschen geblieben
Aber nicht alle
Und du weißt nie zuvor
Welcher kein Mensch mehr ist

Ratlos stehst du am Kreuzweg
Querfeldein kreuzweltaus
Vielleicht gekreuzigt vom Kreuz
Mit den vier Haken

Sogar das Überqueren einer Straße oder eines Platzes konnte für die, die kein Hakenkreuz tragen durften, wegen der Straßenrazzien gefährlich sein.

Herd

Herd war sein Spitzname, bei dem ihn seine Schülerinnen riefen, eine Abkürzung für Herr Doktor Bernhard Taglicht. Ich habe ihn erst in seiner Flüchtlingszeit kennengelernt, in London, 1939, knapp vor Kriegsausbruch. Ein kleiner, zierlicher, grauhaariger Mann mit intelligentem, dreieckigem Gesicht. Er war auf der Durchreise nach Amerika, wo er dann während des Krieges an einem Herzleiden gestorben ist.

Herd, ein Neffe des Oberrabbiners von Wien, aber selbst eher ein Freidenker, befreundet mit den Schriftstellern Karl Kraus und Peter Altenberg, war Deutschlehrer, oder, wie man in Wien sagte, Deutschprofessor, an der Schwarzwaldschule, einem jüdischen Mädchengymnasium. Er hatte ein kleines Privatvermögen, war Junggeselle und lebte recht bescheiden. Also beschloß er eines Tages, sein Gehalt als Gymnasiallehrer in Anbetracht der schlechten Zeiten von nun an weder für sich selbst auszugeben, noch zu sparen, sondern es zu irgendeinem guten Zweck zu verwenden.

Da damals, es war Ende 1934 oder Anfang 1935, in Österreich die Demokratie schon durch ein autoritäres klerikales Regime ersetzt worden war, wenngleich noch nicht durch den vollausgebildeten Faschismus, der erst mit Hitlers Einmarsch im März 1938 einzog, gab es schon viele im Land, die wegen ihrer Gesinnung verfolgt wurden, und Herd hatte beschlossen, Leute zu unterstützen, die ihrer Gesinnung wegen ins Elend geraten waren.

Diesen Teil der Geschichte kenne ich durch eine seiner ehemaligen Schülerinnen, die geheiratet hatte und schon vor mir ins Londoner Exil gekommen war, und in deren Wohnung ich später auch Herd kennenlernte. Ein späterer Teil der Geschichte, der sich erst nach Herds Verhaftung ereignet hatte, war mir zufällig wenige Tage zuvor unabhängig davon erzählt worden, von einem jungen Mann, einem von denen, die Herd vor dem Konzentrationslager bewahrt hat. Herd hat selbst mir dann auf meine Fragen hin die ganze Sache bestätigt. Aber ich will nicht vorgreifen.

Herds Ansichten von Nächstenliebe waren einigermaßen ungewöhnlich. Er selbst sympathisierte mit den im damaligen „schwarzen" Österreich verbotenen Sozialdemokraten und hätte unter ihnen wohl leicht Unterstützungsbedürftige gefunden. Aber er hatte sich die Pflicht zur Nächstenliebe so zurechtgelegt, daß man bei der Hilfe für ihrer Gesinnung wegen benachteiligte Menschen nicht danach fragen dürfe, ob man selbst mit dieser ihrer Gesinnung übereinstimme. So war seine Wahl auf die notleidende Familie eines von der Polizei gesuchten Wiener Nationalsozialisten gefallen, der über die Grenze nach Deutschland zu Hitlers „Österreichischer Legion" geflohen war. Dessen zurückgelassene Frau und kleine Kinder empfingen nun etwa drei Jahre lang, bis zu Hitlers Einmarsch in Wien, regelmäßig das Monatsgehalt des Deutschlehrers am jüdischen Mädchengymnasium, der sich aber so gut wie nie bei ihnen blicken ließ, sondern die Beträge durch die Post überwies und sich nur von

Zeit zu Zeit einmal nach ihrem Wohlergehen erkundigte. Die ein, zwei Freunde und alten Schülerinnen, die von Herds Unterstützungsaktion wußten, schüttelten den Kopf darüber, daß er ausgerechnet einer Nazifamilie half, aber Herd ließ sich in keine Diskussion darüber ein. Das Wort Feindesliebe fiel nicht.

Fast auf den Tag genau acht Monate nach dem sogenannten Anschluß, der Besetzung Österreichs durch Hitlers Wehrmacht, fand in Wien ebenso wie im ganzen Reich eine große Judenverfolgung statt. Die Synagogen brannten, jüdische Geschäfte und Wohnungen wurden ausgeplündert. Nach den zahllosen zerbrochenen Schaufenstern und Wohnungsfenstern mit ihren im Licht blitzenden Splittern und Scherben wurde diese Aktion von den Nazis spöttisch Reichs-Kristallnacht genannt. Unter den zehntausenden Juden, die verhaftet wurden und in den nächsten Tagen ins Konzentrationslager transportiert werden sollten, war auch der kleine alte Deutschlehrer Herd.

Er wurde dann mit vielen anderen in eine von den Nazis eilig beschlagnahmte Schule einquartiert. Am nächsten Tag sollte es nach Dachau weitergehen, ins Lager. Während der Nacht aber arbeiteten die uniformierten Nazis eifrig daran, gewissenhaft die Personalien aller Festgenommenen aufzunehmen. Ordnung mußte sein.

Als Herd einem Uniformierten vorgeführt wurde, der hinter seinem Schreibtisch saß und Aufzeichnungen machte, nannte er seinen Namen und seine Adresse. Der Mann blickte auf.

„Sind Sie der Mann, der Frau ... und ihren Kindern drei Jahre lang Geld gegeben hat?“, fragte er.

Herd zuckte zusammen: „Ja, der bin ich. Aber es ist nicht, was Sie vielleicht denken. Ich habe mit der Frau keinerlei nähere Bekanntschaft gehabt. Ich habe diese Familie nur unterstützt, weil sie in Not war."

„Das weiß ich", sagte der Mann, stand auf und ging im Zimmer des Schulleiters, das als Vernehmungsbüro diente, auf und ab:

„Ich bin nämlich der Mann dieser Frau, Herr Taglicht." Er ging noch einmal hin und her, dann blieb er vor dem schmächtigen, grauhaarigen „Schutzhäftling", so nannten die Nazis ihre Gefangenen, stehen.

„Sie können sich vielleicht denken, wie ich mich fühle, Sie jetzt so vor mir stehen zu sehen?" Herd wußte nicht recht, was er sagen sollte und nickte nur.

„Also: ich werde Ihnen sagen, was ich machen kann. Ich kann Sie und elf andere freilassen. Mehr leider nicht. Aber, bitte, glauben Sie nicht, daß ich denke, ich hätte damit meine Dankesschuld Ihnen gegenüber irgendwie abgetragen."

Herd hatte seine Sprache wiedergefunden. „Vielen Dank. Die Freilassung der elf Mann nehme ich gerne an. Aber könnten Sie nicht auch noch einen Zwölften an meiner Stelle freilassen? Ich würde lieber das Schicksal der Mehrheit teilen."

Der Nazi legte ihm seine Hände auf die Schultern: „Sie überraschen mich gar nicht mehr. Von Ihnen habe ich so eine Antwort erwartet. Aber daraus wird nichts: Ich bin nicht so edel wie Sie! Entweder Sie gehen auch frei, oder auch niemand anderer. Das sind meine Bedingungen. Wenn Sie ins KZ kommen, dann weiß ich nicht, wie ich weiterleben kann."

Herd argumentierte nicht weiter. Die elf anderen wurden durch das Los bestimmt. Alle zwölf kamen noch in derselben Nacht frei.

Herd hat, wie gesagt, den Krieg nicht überlebt. Von dreien seiner ehemaligen Schülerinnen, die ich gekannt habe, bin ich mit der, in deren Wohnung in London, Hamstead, ich ihn damals kennengelernt habe, und ihrem Mann noch heute in Verbindung. Eine zweite, die Psychologin wurde, hat sich das Leben genommen. Eine dritte ist nach Australien ausgewandert. Was aus dem Nazi und seiner Familie geworden ist, weiß ich leider nicht.

Die mehr als Kreuz-Spinne

Die große Spinne
Hängt zwischen Himmel und Erde
Wer des Weges kommt
Den fängt sie mit ihrem Netz

Es gibt keine Spinne
Die Menschen in ihrem Netz
Fangen könnte:
Nur Menschen sind solche Spinnen

Die große Spinne
Hat viel mehr als acht Beine
Wie sie Spinnen sonst haben
Ihre Beine reichen sehr weit

Sie bauen in Wohnungen
Horchapparate ein und
Zugleich baun sie auf der Heide
Den klebrigen Zaun für das Lager

Die Spinne hat Netze
Aus solchen Lagern gebaut
Dort läßt sie ihre Gefangenen
Langsam sterben

Sie ist keine Kreuzspinne
Ihr Gesicht ist ein Menschengesicht
Ihr Kreuz hat Haken:
Nur Menschen sind so zu Menschen

Das ganze Zwangs- und Terrorsystem des Hitlerreiches wurde häufig mit einem Spinnetz verglichen, besonders aber die ebenso weitverzweigte wie skrupellose Geheime Staatspolizei, abgekürzt Gestapo.

Trost

Vor einiger Zeit fand ich in einem Trödelladen in Südlondon ein beschädigtes Buch, das ich gar nicht brauchte. Ich kaufte es, weil es alt war und mir leidtat. Zuhause klebte ich es und sah es mir genauer an. Es war THE BOOK OF COMMON PRAYER, das anglikanische Gebetbuch, eine Ausgabe von Anfang des 18. Jahrhunderts, schön gedruckt und gut viermal so groß wie die neueren Ausgaben mit genau dem gleichen Text. Vorne und hinten waren je drei Blätter freigelassen, und auf ihnen fand ich in verschnörkelter und zittriger, dann auch wieder in ganz einfacher, zarter und doch sicherer Handschrift (manchmal unterbrochen von klobigen, kaum lesbaren und teilweise auch durchgestrichenen Eintragungen), eine Fülle von Namen und Daten. Die Zunamen fast immer dieselben, außer manchmal bei Frauen. Die Daten bezogen sich auf Geburt und Tod, Taufe, Hochzeit, Kriegsdienst, Abreise in ein anderes Land. Auch wessen Eigentum das Gebetbuch jeweils war, stand da gewissenhaft verzeichnet.

In solchen Büchern erwartet man, daß auf ein Geburtsdatum in gehörigem Abstand auch die Eintragung über den Tod des betreffenden Menschen folgt. So auch hier. Aber da war eine sehr kinderreiche Familie, der jedes Kind nach wenigen Wochen oder Monaten gestorben war. Das Entziffern dieser alten Vermerke betrübte mich vielleicht desto mehr, weil ich schon eigene Kinder hatte. Nur ein einziges Kind, ein Mädchen, war dem frühen Tod anscheinend entgangen und nur mit ihrem Geburtsdatum eingeschrieben; allerdings fand ich auch weder Konfirmation noch Hochzeit. Immerhin, sie schien leben geblieben zu sein. Aber einige Wochen später, als ich das Buch Freunden zeigte, entdeckten wir auf einer Seite irgendwo mitten im Buch doch noch ihre Todesnachricht: „. . . verließ diese Welt im Alter von zwei Jahren und neuneinhalb Monaten." Ich war enttäuscht und ganz unvernünftig traurig. Als ich mich mit dem Gedanken beschwichtigen wollte, daß seither weit mehr als zweihundert Jahre verstrichen seien und sie jetzt ohnehin nicht mehr leben könnte, fiel mir meine eigene Kinderzeit ein.

Ich war ein behütetes Kind. Außer wenn meine Eltern gerade Streit hatten, wobei gelegentlich allerlei schwer Ertragbares zur Sprache kam, wurde mir von den Härten des Lebens und Sterbens nichts gesagt. Als ich in einem alten Buch eine sehr eingehende Bilddarstellung des Märtyrertodes von Christen in einer römischen Arena fand, wurde ich zuerst mit den Worten abgespeist: „Aber das sind doch nur ganz alte Geschichten. Vielleicht ist das alles gar nicht wahr." Und dann, als ich mir die Wahrheit der Christenverfolgungen offenbar nicht ausreden ließ und weinend auf die einzelnen Jünglinge, Frauen und Kinder zeigte, wurde ich mit dem Gedanken beschwichtigt: „Aber jetzt hätten sie doch ohnehin nicht mehr leben können."

Es war meine Großmutter, die mir das sagte. Diesmal war ich von der

Wahrheit ihres Arguments sofort überzeugt, und wenn ich auch irgendwie empfand, daß es nur ein trauriger Trost sei, begannen meine Tränen doch zu versiegen.

Ein, zwei Jahre später zeigte meine Großmutter mir das Bild eines ihrer Verwandten, der zu ihren frühesten Kindheitserinnerungen gehörte. Er hatte sie auf seinen Knien reiten lassen, war aber, als sie noch keine drei Jahre alt war, im Österreichisch-Preußischen Krieg von 1866 in Böhmen gefallen. Als ich sah, daß sie ein trauriges Gesicht machte, versuchte ich mich ihrer alten Trostworte zu bedienen, streichelte ihr den Arm wie sie damals mir und sagte mit genau der Betonung, wie sie es zu mir gesagt hatte: „Aber jetzt hätte er doch ohnehin nicht mehr leben können."

Meine Großmutter protestierte: „O ja, natürlich hätte er noch leben können!" Gleichzeitig aber begann sie unter Zuhilfenahme ihrer Finger halblaut nachzurechnen. Schließlich sagte sie: „Ich weiß nicht, ich glaube, er könnte doch noch leben. Er wäre noch keine achtzig Jahre alt."

Da ich damals wußte, daß man mit dreißig Jahren alt ist, waren achtzig Jahre ein fast unvorstellbar hohes Alter. Niemand in unserer Familie hatte es erreicht. Auch meine Großmutter erreichte es schließlich nicht. Sie wurde mit 77 Jahren aus dem Ghetto Theresienstadt in ein Vernichtungslager gebracht und dort vergast. Bis nach Ende des zweiten Weltkriegs hatte ich noch gehofft, sie lebend wiederzusehen. Sie wäre noch keine achtzig Jahre alt gewesen.

Ich fand es schwer, mich über ihren Tod zu trösten. Ihre letzten Briefe, die sie vor ihrer Deportation geschrieben hatte, habe ich bis heute nur zum kleinsten Teil wiedergelesen, weil ich, auch nach all den Jahren, schon bei den ersten Zeilen immer so zu weinen beginnen mußte, daß ich nicht weiterlesen konnte und sie wieder in die Schachtel mit der Aufschrift Großmama zurückschob. Aber in den letzten zwei Jahrzehnten ist der Schmerz beim Denken an meine Großmutter geringer geworden. Hundert Jahre wird fast niemand alt, also hätte sie ohnehin nicht mehr leben können.

Auch bei der Erinnerung an den Tod meines Vaters sage ich mir das jetzt. Er starb fünf Jahre vor der Großmutter, gerade an seinem achtundvierzigsten Geburtstag. Als man ihn nach Hause brachte, gegen Mittag des Tages, an dessen Abend er starb, traf ich ihn, während man ihn die Treppe hinauf schleppte, und erkannte ihn zuerst nicht, sondern glaubte, als ich unsere Nachbarin neben dem röchelnden alten Mann sah, er gehöre irgendwie zu ihr und der Polizist und der Chauffeur, die diesen offenbar sterbenden Menschen von Stufe zu Stufe hinaufhoben, hätten nur mit ihr, nichts mit mir und meiner Großmutter zu tun. Als ich unsere Nachbarin, die schon mit den beiden Männern gesprochen hatte und nun weinend mitging, fragte, ob ich etwas für sie tun könne, packte sie mich am Arm und sagte: „Wissen Sie nicht, wer das ist? Das ist ihr Vater!"

Ein Gestapobeamter, Herr Göttler, später in der Bundesrepublik Zollrat in Düsseldorf, hatte ihm einige Tage zuvor die Magenwand eingetreten.

Vielleicht waren es die weißen Bartstoppeln, die mich gehindert hatten, meinen Vater im halbdunklen Treppenhaus auf den ersten Blick zu erkennen. Ich hatte ihn nie anders als glattrasiert gesehen. Und das letzte Mal, am Tag seiner Verhaftung, genau einen Monat vor seinem Tod, hatte er noch keine grauen oder gar weißen Haare gehabt. Als ich ihn dann, drei Tage später, im offenen Sarg wiedersah, war er rasiert worden und sah etwas besser aus, als sei der Tod eine Erholung für ihn gewesen.

Dannn kam bald der Krieg. – Heute wäre mein Vater 93 Jahre alt. Wahrscheinlich hätte er also ohnehin nicht mehr leben können.

Wenn wieder Krieg kommt, wird es ein Atomkrieg sein. Ich frage mich, ob dann hier in Europa das Überleben der Überlebenden, wo immer es Überlebende geben wird, so sein wird, daß sie überhaupt noch um andere Menschen trauern werden. Wenn ja, dann wird es vielleicht einige Jahrzehnte nachher zuerst von denen, die schon alt waren, als sie starben, dann, entsprechend später, auch von den Jungen und zuletzt von den Kindern wieder heißen: „Aber jetzt hätten sie doch ohnehin nicht mehr leben können." Nur ob es dann noch in deutscher Sprache so heißen wird, ob Deutsch dann noch eine lebende Sprache sein kann, ist die Frage.

Vielleicht werden die, die dann von den Toten sprechen, Menschen aus einem anderen Erdteil sein oder erst nach sehr langer Zeit dort leben, wo am Ende unserer Zeit Krieg war. Dann ist es möglich, daß sie nicht nur sagen werden, die Toten von damals könnten ohnehin längst nicht mehr leben, sondern daß sie außerdem auch sagen werden, wenigstens ihren Kindern, als Trost: „Aber das sind doch nur ganz alte Geschichten. Vielleicht ist das alles gar nicht wahr."

Manchmal, beim Nachdenken über das alles (und auch über die makabre Tendenz der Geschichte, sich trotz allen Veränderungen in gewissem Maß zu wiederholen), leide ich weniger an Todesangst (obwohl ich auch von dieser Angst, aber eher als Angst um meine Kinder und Enkel nicht frei bin) als an dem Gefühl, unendlich, ja unerträglich alt zu sein, so daß ich mich zu solchen Zeiten nur noch mühsam gegen den Gedanken zu wehren vermag, jetzt könne ich doch ohnehin nicht mehr leben.

Volksgenossen, deutsche Männer und Frauen!

(Wenn A.H. noch reden könnte)

Ein halbes Jahrhundert ist dahingegangen, seit in unserem Vaterland der Grundstein zu jenem entscheidenden Unterfangen gelegt wurde, das man uns heute – achtunddreißig Jahre nach dem Ende seiner ersten zwölfjährigen Etappe – vergebens schlechtzumachen versucht, indem man das damalige Tun unserer alten Kämpfer als einen Fehlschlag verleumdet, der einzig und allein zu einer blutigen Niederlage geführt habe, ja, wenn man den Worten unserer Feinde trauen dürfte, zu einem Zusammenbruch ohne gleichen.

Aber, auch wenn unser deutsches Volk in jenen Monaten des scheinbaren Rückschlags, in jenem bitterschweren Jahr 1945, unermeßliche Leiden auf sich nehmen mußte, so ist es heute doch an euch: Euch selbst die Antwort zu geben aus tiefstem Herzensgrunde als deutsche Männer und Frauen, ob jenes scheinbare Schreckensjahr nicht in Wirklichkeit ein Jahr entscheidener Bewährung gewesen ist, ob unser Volk diese Leiden nicht auf schlechterdings wunderbare Weise überstanden hat, und ob wir Deutschen heute in der Welt nicht gefestigter dastehen, einflußreicher und unvergleichlich reicher an mächtigen Freunden als in jenem Jahr 1933, in dem unser heutiger Weg, unser heutiges großes Ziel, sich zum ersten Male weithin sichtbar vor einer damals noch blinden und tauben, jawohl, vor einer stumpfen und verstockten Welt gezeigt hat. Und fragt euch auch selbst, ob ein solches Wunder wie unser Bestehenbleiben und Wiederaufstieg in einer immer noch entgötterten Welt und Zeit überhaupt möglich geworden wäre, wenn die Vorsehung unser Volk nicht zu Größerem, ja zu etwas geradezu Einmaligem, ausersehen hätte.

Volksgenossen, Hand aufs Herz: Würden wirklich heute, nach fünfzig Jahren, noch die roten Volksverhetzer ebenso wie die Liberalen, Systemanbeter samt den sogenannten Demokraten, die entarteten Speichellecker einer jeden Afterkultur, die Verweichlichten, die Abartigen und Andersartigen, – kurz, alle alten Todfeinde unseres Reiches und ihre Brut! – würden sie alle noch heute im ganzen Lande, ja in der ganzen Welt, unserer ersten machtvollen Entscheidungsschritte vor fünzig Jahren so verdächtig lebhaft gedenken, wenn diese unsere Schritte wirklich und tatsächlich nur zu einem totalen Zusammenbruch geführt hätten und nicht bloß zu einem – im Interesse unserer Gesamtaufgabe unvermeidlichen, zeitweiligen, wenn auch an schwersten und heldenhaftesten Opfern überreichem Rückzugsmanöver, das unser Volk aber längst erfolgreich beendigen konnte?

Jawohl, wir haben diesen Tiefpunkt weit hinter uns gelassen, so weit hinter uns, Volksgenossen, daß wir heute schon auf dem Sprunge stehen, den zweiten großen – und diesmal unwiderruflich entscheidenden! – Schritt zu tun, jenen Schritt, zu dem wir schon damals angesetzt hatten, der uns aber in jenen Jahren verwehrt blieb, einzig und allein durch die Verblendung und durch das schuldbeladene Unverständnis eines großen Teils der damals von verbrecherischen Politikern regierten westlichen Welt.

Heute aber, Volksgenossen, ist die Frage, was sich seither geändert hat, mehr als leicht zu beantworten: die mächtigen angelsächsischen Länder, die Vereinigten Staaten von Nordamerika und das Britische Inselreich, die uns damals in Verkennung ihrer ureigensten wahren Interessen feindlich gegenüberstanden und uns ihre Feindschaft aufgezwungen hatten, sind heute unsere festen Verbündeten. Der große amerikanische Präsident Ronald Reagan ist zum Glück alles andere als ein Herr Roosevelt! Frau Thatcher, Englands eiserne Dame, ist eine wahre Britannia, die sich ihrer Schwester Germania und deren Kindern sehr wohl als durchaus ebenbürtig erweisen könnte! Damit tritt die alte Artverwandtschaft zwischen unserem Volk und den angelsächsischen Völkern endlich wieder in ihre angestammten Rechte!

Der gemeinsame Feind im Osten aber, den es diesmal endgültig und schonungslos zu vernichten gilt, so daß nichts, aber auch nichts, von ihm übrigbleibt, ist trotz aller Täuschungsmanöver der selbe geblieben, der er auch damals schon war! Jedoch unsere Waffen im Verein mit denen unserer Bundesgenossen sind heute viele hunderttausendmal – jawohl, viele hunderttausendmal stärker als sie es damals waren. Ja, es muß gesagt werden, wie unser deutsches Volk dasteht, heute, da die vereinte Streitmacht all dessen, was von den Völkern des Abendlandes wehrhaft, wehrfreudig, wehrwürdig ist, endlich zu jenem Entscheidungsschlag ausholt, der die

Endlösung bringen muß und wird! – zu jenem selben Schlag, den wir schon im vorigen Krieg zu führen versuchten, aber leider damals fast alleinstehend, ja gelähmt von jenen internationalen verbrecherischen Politikern, aus deren Krallen sich unsere Verbündeten seither befreit haben. – Jawohl, ich wiederhole mich, denn es kann nicht oft und oft genug gesagt werden, wie unendlich geringer der Preis an Mühe, Opfern und Blutvergießen damals gewesen wäre, um den wir – bei einem Mindestmaß an Verständnis und Unterstützung durch die Westmächte – mit unseren deutschen Waffen jene Menschentiere des Ostens hätten ausrotten und die Welt von ihnen befreien können!

Heute also stehen wir, das deutsche Kernvolk Europas, zum Letzten entschlossen vor der Welt, nicht nur in unerschütterlichem Bewußtsein des bevorstehenden Endsieges über die untermenschliche und allem wahren, lebenswerten Menschentum todfeindliche Macht, die es niederzuschlagen, endgültig zu zerschmettern gilt, so daß sie sich nie wieder erheben kann, sondern auch mit dem klaren, mit dem zutiefst tragischen Wissen, daß die Erlösung des Abendlandes von uns, seinem Kernvolk, ein Opfer verlangen wird, wie es nie noch in der gesamten Geschichte der Menschheit einem Volk zu bringen beschieden war. Es geziemt uns, dieser Schicksalsgegebenheit unverzagt ins Auge zu sehen. Nicht umsonst kündeten schon die ältesten Sagen des nordischen Menschen prophetisch von Ragnarok, dem feurigen Untergang, und lehrten uns, daß Surturs Lohe diese mittlere Welt (! ja selbst Asgard,) mit flammendem Strahl verbrennen werde.

Diese Worte bleiben auch für uns von tiefer, ja entscheidender Bedeutung.

Volksgenossen, deutsche Männer und Frauen! Um die Welt von dem

Übel zu erlösen, dessen wir voriges Mal noch um unendlich geringeren Preis hätten Herr werden können, wenn die angelsächsischen Völker uns schon damals verstanden hätten, wird uns, dem Herzvolk Europas, die Aufgabe zufallen, uns selbst als ein großes Brandopfer darzubringen, denn bei der Vernichtung des Feindes im Osten wird auch von unserem Erdteil Europa, vor allem aber von dessen deutschem Kernland, fast nichts mehr übrigbleiben. Wohlgemerkt, dieses Opfer zu bringen, wird unser freier und rühmlicher Entschluß sein. Unseren zaghafteren Anwohnern aber, den Schweizern, Lichtensteinern, Luxemburgern, ja auch den Bewohnern der Ostmark, die sich wieder von uns getrennt hat, ebenso wie im Norden den artsverwandten Dänen und Schweden wird, all ihren zaghaften Vorsichtsmaßregeln und Einwänden gegen unsere Kampfbereitschaft zum Trotz, nichts übrigbleiben, als unser Los zu teilen, unser Los, nicht aber unseren Ruhm.

Ich habe gesagt, daß vom deutschen Kernland Europas fast nichts übrigbleiben wird. Fast nichts, das ist allerdings, von einer höheren Warte aus gesehen, wie wir es angesichts dieses uns bevorstehenden Opfers schon heute sehen müssen, durchaus nicht dasselbe, wie gar nichts! Die Berge und Flüsse werden bleiben, wenn auch vielleicht zum Teil in ihrer Gestalt und in ihrem Lauf etwas verändert. Und nach einer entsprechenden Anzahl von Jahren wird sich erst da und dort, dann aber fast allerorten, an Stelle der verbrannten Wälder wieder frisches Grün zum ewigen Himmel erheben, aus dem der Staub und die Asche schon längst wieder zu Boden gefallen sein werden. Das, deutsche Männer und Frauen, wird die Wiedergeburt unseres deutschen Waldes sein, an dem sich die letzten Jahrhunderte in so sträflicher Weise versündigt hatten. Und dieser deutsche Wald, der als Erster wieder von deutschem Land Besitz ergreifen wird, wird sich dabei nicht mehr an die mißgünstigen, viel zu engen Grenzen halten, die Deutschlands Feinde ihm in einer für immer dahingegangenen Zeit zu ziehen versucht hatten, sondern er wird auf den Boden der Ostmark und der Schweiz im Süden, ebenso wie den Dänemarks und der uns näherliegenden Teile Schwedens endgültig und für ewige Zeiten Besitz nehmen.

Ja, Volksgenossen, auch menschenleer muß und wird unser Land dann nicht ewig bleiben! Bedenken wir, daß nicht nur der erlesenste Teil unserer Führungskräfte mit ihren Familien in seinen Bunkern tief unter Tag ausharren und durchhalten wird, um nach errungenem Sieg den rettenden Flug westwärts über den atlantischen Ozean anzutreten, sondern, daß auch heute schon tausenden von deutschen Volksgenossen teils auf ihre blühenden großen Anwesen in Südamerika, teils aber in den Vereinigten Staaten leben, als Wissenschaftler, als Diplomaten, als geachtete, hochqualifizierte Arbeiter, wozu in den meisten Fällen noch deren Frauen und Kinder kommen. Ja, es ist auch kein Zufall, daß sich auch unter den vielen, die in Washington die hohe Politik des mächtigen Nordamerika mitbestimmen, immer wieder und wieder an hervorragender Stelle Männer finden, die deutsche Namen tragen und entweder selbst rein deutsch oder doch echte Deutschstämmlinge sind!

Volksgenossen! Aus den Reihen all dieser Menschen oder ihrer Kinder und Kindeskinder werden nach der Errettung unserer Welt einstmals jene Pioniere kommen, denen es vom Schicksal beschieden sein wird, dem deutschen Boden, aus dessen Ruinen eine gütige Vorsehung neues Leben sprießen lassen wird, auch ihrerseits wieder lebendiges deutsches Blut zuzuführen.

Dies, deutsche Männer und Frauen von heute, ist der Anfang der größeren Zukunft, die sich schon in unseren Tagen, jetzt, am Vorabend des großen Feuers, vor unserem inneren Auge auftut. Welcher wahrhaft deutsche Mensch wäre so schwach und so mutlos, sich dieser Zukunft entziehen zu wollen und dieses unbesiedelte Deutschland nicht einst zu einer noch nie dagewesenen Blüte und Macht und Herrlichkeit entfalten zu wollen?!

Von keiner Kulturentartung oder Kulturermattung, wie sie unser Land heute noch allenthalben plagt, wird dieses unser Land dann verseucht sein. Von keiner stumpfen, unentschlossenen oder überfremdeten Masse wird es gelähmt sein; nein, vielmehr jungfräulich und herrlich wie am ersten Tag wird es über Lebensraum für alle verfügen, so daß auch seine Besiedler von seinem Boden und von ihren naturnahen Lebensumständen mehr Kraft empfangen werden als alle anderen, vor allem aber auch die Völker des Westens – die Amerikaner und Engländer –, die diese Zeit in ihren Ländern nur mehr oder minder notdürftig überstanden haben werden. Diese Hülle und Fülle, dieser lebendige Überfluß an unverbrauchter Lebenskraft kann und wird nicht verfehlen, sich dann im Laufe der nächsten Generationen voll und ganz zu Gunsten unseres Volkes auszuwirken!

Volksgenossen, dies ist von nun an unser großes Ziel: Ein heiles Deutschland als Kern und Führungsmacht einer geheilten und mit Feuer und Schwert durch das Brandopfer seiner Söhne und Töchter im Endsieg geheiligten Welt!

Ersatzteile für den Phönix

Der schwarze Vogel Phönix
Der Krieg von morgen
Hat alles in seinem Nest
Das ganze Land

Die Untertanen
Die Männer und Frauen und Kinder
Die in den Windeln
Und die in den Uniformen

Die Autobahnen die Waffen
Gasmasken Stacheldrahtrollen
Heute muß Rüstung sein
Damit morgen ein Krieg sein kann

Brennstoff und Treibstoff
Ersatzteile werden gehortet
Kinder werden geschult
Für den kommenden Krieg

Der Vogel Phönix
So geht die alte Sage
Steckt sein eigenes Nest in Brand
Und kriecht aus der Asche

Als Wurm wieder aus nach drei Tagen
Aus dem Wurm wird wieder ein Phönix
Aus dem Krieg wird wieder ein Krieg
Nur die Menschen bleiben verbrannt

Der klassischen Sage nach hat der Vogel Phönix in jeder seiner großen Federn ein Brennglas, so wie der Pfau das sogenannte Auge. Mit diesen Brenngläsern steckt er von Zeit zu Zeit, um sich zu erneuern, sein Nest in Brand und verbrennt sich selbst samt seinem Nest. Nach drei Tagen erhebt er sich als Wurm aus der Asche, und aus dem Wurm wird ein neuer Phönix. – Zu den beliebteren Phrasen des Nationalsozialismus gehörte die Behauptung, Deutschland habe sich durch Hitler wie der Phönix aus der Asche erhoben. Noch gegen Ende des Dritten Reiches hieß es in Propagandareden, aus der Asche des Krieges werde das Großdeutsche Reich in vermehrtem Glanze neu erstehen.

Erich Fried

Alles, was in diesen Geschichten berichtet ist, habe ich wirklich erlebt. Einige Namen sind verändert (Herbert Papanek zum Beispiel hat in Wirklichkeit anders geheißen, aber auch sein wirklicher Name war slawisch), um wahrscheinlich noch lebende Menschen nicht in Verlegenheit zu bringen. Der Mörder meines Vaters, der Gestapobeamte Goettler, hat wirklich Goettler geheißen.

Aus diesen Geschichten wird man vielleicht sehen, daß meine Nazi-Mitschüler – und gelegentlich auch erwachsene Nazis – weder besonders dumm, noch besonders bösartig gewesen sind. Als Hitlers Truppen am 11. März 1938 in Österreich einmarschiert waren, benahmen sich fast alle Nazi-Schüler und Lehrer an unserer Schule zu den jüdischen und antifaschistischen Schülern, die sie seit Jahren gekannt hatten, korrekt, vielfach auch solidarisch. Gefährlich wurden viele erst, als sie gegen Menschen »eingesetzt« wurden, die sie nicht kannten. Aber besonders junge Menschen können sich leicht irren und ehrlich an etwas falsches und gefährliches glauben.

Deshalb ist freilich die vernichtende Wirkung einer falschen und gefährlichen Lehre um nichts geringer. Der Nationalsozialismus hat unermeßliches Unglück über die Welt gebracht, hat den zweiten Weltkrieg entfesselt und außer vielen Millionen Kriegsopfern auch Millionen von Juden, Zigeunern, Russen, Polen und anderen in seinen Vernichtungslagern ermordet. Auch unzählige Deutsche wurden vom Hitlerregime und seinen Helfern in Konzentrationslagern und Gestapokellern ermordet oder in einem verbrecherischen und aussichtlosen Krieg sinnlos geopfert. Auch das Unglück der Palästinenser und Libanesen hat der Hitlerfaschismus mit verschuldet. Ohne seine Untaten in Deutschland und in den von ihm besetzten Ländern Europas wären nie genug jüdische Menschen zur Flucht nach Palästina gedrängt worden, um schließlich einem aggressiven Zionismus die Verwirklichung seiner Herrschafts- und Expansionsträume zu ermöglichen. Daß die einzelnen Menschen, besonders junge Menschen, die auf den Hitlerfaschismus hereinfielen, Menschen waren, heißt nicht, daß das System weniger unmenschlich war.

Ähnlich verhält es sich heute mit den Neonazis. Nicht alle, die sich in diese Bewegung verstricken, sehnen sich nur danach, andere Menschen brutal zusammenzuschlagen. Viele haben verworrene Vorstellungen von »unbedingter Kameradschaft« oder glauben, ähnlich wie damals der linke Flügel der SA, der Nationalsozialismus könne ein »Sozialismus der Tat« sein, in dem »Gemeinnutz vor Eigennutz« gehe. Diese verfehlten Hoffnungen wurden zwar schon einmal, im Juli 1934, bitter enttäuscht, als Hitler viertausend SA-Männer unter falschen Anschuldigungen umbringen ließ, aber nicht alle Menschen lernen schnell aus der Geschichte. Es ist wichtig, nicht zu vergessen, daß auch heute Neonazis, besonders wenn sie jung sind und eine unglückliche Kindheit hatten, oft Opfer ihrer Lebensumstände sind und sich trügerischen Hoffnungen und Idealen hingeben.

Es gibt sogar Neonazis, die gegen Nachrüstung und Atomraketen in Deutschland sind, weil sie die tödliche Gefahr sehen, die diese Raketen bedeuten. Das heißt aber nicht, daß Neonazismus oder Neofaschismus auf irgendeine Weise einen gangbaren Weg zu einer besseren Welt bieten könnten. Ich glaube aber, daß wir Irrlehren in Wirklichkeit nicht schlechter, sondern sogar besser bekämpfen können, wenn wir nicht jeden einzelnen Menschen, der sich in sie verstrickt hat, blindlings hassen oder verachten.

Es muß allerdings gesagt noch werden, daß der Nationalsozialismus in Deutschland nie an die Macht gekommen wäre und sich nie hätte halten können, wenn er nicht von Anfang an von Großindustriellen und Großgrundbesitzern in Deutschland und von einflußreichen Kreisen, teils auch Regierungen, im Westen unterstützt und ermutigt worden wäre, hauptsächlich als Bollwerk oder als Angriffswaffe gegen die Sowjetunion. Auch dort geschah Furchtbares, aber die Fehler und die Verbrechen, vor allem der Stalinära, sind zum Teil nur aus den weltweiten Angriffsvorbereitungen gegen das nachrevolutionäre Rußland zu erklären, ebenso wie die Übergriffe russischer Soldaten in Deutschland und Österreich den Menschen dort erspart geblieben wären, wenn ihre Machthaber Rußland nicht heimtückisch überfallen und dort unvorstellbar grausam gewütet hätten.

Auch heute wären die unmöglichen Ideen der Neonazis kaum unter uns, wenn nicht der Ungeist des Kalten Krieges, das gewaltsam aufrechterhaltene Feindbild und die Vorbereitungen zu einem mörderischen und selbstmörderischen Atomkrieg viele Menschen seit Jahren unmerklich vergiftet hätten.

Menschlichkeit und Kampf gegen Unrecht und Krieg gehören, das glaube ich, heute wie damals zusammen.

Strippenhals und Donnerfuß

Neuerscheinung im Sept. 1983. Zwei Urviecher sehen sich zum ersten Mal. Jeder hält den anderen für übermächtig und bereitet sich selber durch verstärkte Verteidigungsanstrengungen auf die unvermeidbar scheinende Auseinandersetzung vor. Am Ende entlarvt sich ihre Stärke als Feigheit.

Helen Piers / Michael Foreman: Strippenhals und Donnerfuß, hardcover, DM 19,00

Die Rückkehr der Dinosaurier

Negativer Held ist Mister Money, ein steinreicher kleiner Konzernherr, der sich den extravaganten Wunsch erfüllt, mit einer selbstgebauten Rakete ins All zu sausen. In den wenigen Blättern des grünen Märchens stecken alle Fragen der Kinder, vor denen wir Erwachsene uns permanent drücken wollen. (ZEIT)

Michael Foreman: Die Rückkehr der Dinosaurier, Hardcover, DM 19,00